IT三国志
「超知性」突破する力

大下英治

青志社

装丁・本文デザイン　岩瀬聡

まえがき

「江副山脈」と「孫山脈」

わたしは、現在のＩＴベンチャーの隆盛は、ソフトバンクの孫正義あってこそと見ている。

「ソフトバンクの孫正義はゼロから起業し、いまや〝世界の孫〟として輝いている。オレも、孫を目指して起業する」

そういう夢を抱いてスタートした起業家が多い。いわゆる「孫山脈」に連なる起業家といえよう。

その孫正義が、親交の深かったリクルートの江副浩正社長こそ「日本のベンチャー企業家のトッププランナー」として仰いでいる。

「わたしは現在ヤフーのほかインターネットや通信の事業に力を入れて取りくんでおりま

すが、江副さんはその面においても先駆者です。江副さんが住宅情報オンラインネットワークのサイトを立ち上げられたのは、いまから二十年以上も前で、日本で初めてのインターネットサービスでした。また、リクルートは日本の第二種通信事業者の第一号事業者となって、通信インフラの事業にも積極果敢に進出されました。ソフトバンクが通信事業に進出するずっと以前のことです。日本のベンチャー起業家のトップランナーとして、将来を見据えた新しい事業、これまで人のやっていないことに強い関心を抱き事業化されていく江副さんの経営姿勢に、わたしのみならず多くの日本の起業家が畏敬の念を抱き、また目標として励みにしてまいりました」

江副は、「江副山脈」として高くそびえ続けている。

この二人の巨頭の成功があってこそ、「江副山脈」と「孫山脈」に連なるベンチャーの志士たちが勢いを得て戦い続けているのである。まさに「IT三国志」といえよう。

わたしは、政財界人だけでなく芸能人、スポーツマン、アウトロー、さらには犯罪者にまで興味を抱いて、書きつづけている。テーマはひとつである。

はみ出すエネルギーを持った人物への興味である。

はみ出すエネルギーをもった人物には、その裏に、はみ出さざるを得なかったエネルギーの哀しみがある。

人に言えぬコンプレックスを抱き、その克服にすさまじいエネルギーを発揮している。そのエネルギーがいい方向に発揮されれば、大変な偉業をなすことができる。

孫にとっては、韓国人の血を受けている在日韓国人三世という哀しみがあったろう。

ライブドアの堀江貴文が、かって孫についてこう語っていた。

「ＩＴ業界の経営者たちは、ひと儲けすると、株を売って戦線から去る者が多い。しかし、孫正義だけは、いつまでもチャレンジし、勝負し続けている」

いまから五年くらい前であったろうか。孫を本社に訪ねた。

その時、孫はマイクロソフトのビル・ゲイツから贈られた自伝をわたしに見せながら、興奮気味に言った。

「見てよ！　ビル・ゲイツのサインを。『孫よ、おまえはおれと同じだな、リスクテイカーだな』とある」

リスクテイカー、勝負師だというのだ。その喜び輝く顔は、わたしが孫に初めて会った時の二十七歳の少年の初々しさを蘇らせる顔であった。

「超知性」の孫は、いつまでも若い魂を失わないで、あらゆるモノがネットにつながるＩＯＴ時代に向け「ソフトバンクは一兆回線つなぎたい」と時代の先を読むリスクテイカーでありつづける……。

指南役で時代を作った男

野村證券で金融を学んだ北尾吉孝は、「孫山脈」の一番手である。孫にスカウトされ、孫に金融を教えた。

北尾は、世界をまたにM＆Aに驀進しつづけている孫が、よりスピーディーに事を運べるため、コアバンク制をはじめかって日本になかった金融改革を断行した。

世間だけでなく、ソフトバンク社内までメインバンクを捨てる北尾の改革に猛反対した。しかし、孫は緊急役員会を開き、北尾の改革に乗った。

孫は、北尾にいった。

「ソフトバンクは、そんなことで潰れはしない。それに、ぼくは、興銀よりも、北やんを五〇〇％とる」

底が知れぬほど度胸が据わっている。北尾も、外国人ビジネスマンたちを相手に、どのようなぎりぎりの場面でもひるむことなく立ち向かってきた。度胸には、自信があった。

だが、孫のその言葉を耳にした瞬間、自分の度胸は、野村證券という大組織に裏打ちされたものだと思い知らされた。ゼロから起ち上げ、いつ潰れるかわからない暗闇を走りつづけた男に備わった度胸にくらべれば、たいしたことではない。それとともに、これほどでかい男と一緒に仕事ができているよろこびを噛み締めた。自分を育ててくれた野村謹券社長であった田淵義久にも感じなかった感慨であった。

〈ここまでいってくれるのなら、命がけでやろう……〉

孫は北尾から金融を学び、北尾は孫から経営を学んだ。北尾は、ソフトバンクから円満に独立し、SBIホールディングスを起こした。孫はわたしに「定期的にメシを共にする約束で資本関係の解消に応じた」と冗談まじりに語ったものだ。

勝負師としての魂を持つ

サイバーエージェントの藤田晋は、リクルートの「江副学校」の流れを汲んでいる。

リクルート出身の広告代理店を経て、やはりリクルート出身の宇野康秀のインテリジェンスに入社する。その面接試験の時、いきなり本心を打ち明けている。

「わたしは、早いうちに独立し、ベンチャー企業をやりたいのです」

なんと宇野は不快がるどころか、逆に奨励したのである。

「ぜひ、やるべきだ」

宇野は、「江副学校」の生徒ならではの起業精神の持ち主だったのである。

藤田は、その宣言どおり、なんと入社九カ月にして独立し、サイバーエージェントを起こすのである。

わたしは、藤田に取材するたびに、藤田が青山学院大学時代、雀荘に毎日のように入りびたり、相当の腕前であったことを印象づけられた。

藤田は、二十年間不敗であったという伝説の桜井章一が主宰する麻雀団体「雀鬼会」に所属。そこで、桜井の言葉から多くを吸収することになる。

「勇気と慎重を同時に出せると、そこに強さがある」

ビル・ゲイツは、孫のことを「リスクテイカー」と呼んだが、藤田は若くして麻雀を通して「勝負師」の魂を磨いているのだ。

桜井の麻雀道から学んだ「勝負師」の姿勢をその後の人生で一貫して貫き通している。

実は、その藤田晋も、「孫社長の恩恵を被っている」とわたしに語っている。

「ソフトバンクの孫正義社長は、Ｙａｈｏｏ！ ＢＢでブロードバンドを安くユーザーに提供した。インターネット環境が整ったことは、サイバーエージェントにも大変プラスになっている。当社にとって、ネット広告、ｅコマースが伸びはじめたのは、やはり、孫社長のブロードバンド戦略のおかげだと思います。先陣を切って低価格で提供したため、他社も価格を引き下げざるをえなかったと思います。おかげでＡＤＳＬの普及が進み、ブロードバンド環境が整ってきました。ブロードバンドのユーザーが、一気に増えた。ユーザーはストレスなくネットに接続できるということで利用時間が増え、オンラインショッピングをするユーザーも多くなりました。かつて阪急電鉄の創始者の小林一三は、鉄道を敷いた。その駅のまわりに、百貨店や住宅ができていった。言ってみれば、ITの世界では、土地をならすのが孫社長で、その駅のまわりに百貨店や家をつくるのがわが社です。われわれは、インフラ事業をおこなわず、あくまでインターネット上でのサービスを提供する会社ですので、孫社長がその鉄道を敷く役を果たしてくれ、わたしたちは、そのあとで、百貨店を出すほうです。わたしは、孫社長のビジネススタイルと明確に区分けできている」

オン・ザ・エッヂから帰ってきた男

わたしは、平成十二年（二〇〇〇年）の初夏、港区六本木三丁目の柳ビル五階の狭苦しい部屋で堀江貴文と会った。

社名について訊くと、愛嬌のある表情で楽しそうに説明した。

「オン・ザ・エッヂ、つまり『崖っぷち』という意味さ。あえてネガティブな名前をつけたのは、マイナスイメージでインパクトをあたえるためさ。それでいて、エッヂ、つまり最先端を走るという自負も秘めている」

「ネット業界で成功すると、世界一になれる」

「オレの人生最大の目標は、宇宙に旅行に行く会社を実現させることだ」

〝途方もない夢〟ともとれる発言を自信を持って話す堀江に圧倒された。

堀江は、やがて「ライブドア」を買収し、社名を「ライブドア」とした。プロ野球の近鉄バファローズが経営難で、オリックスとの統合を発表した時には、なんと近鉄バファローズの買収に乗り出した。この買収は失敗したが、若者たちは、いつしか堀江を「ホリエモン」としてもてはやしはじめた。

堀江は、孫正義を強く意識していた。近鉄買収騒動の平成十六年（二〇〇四年）の夏にも、わたしは堀江に取材した。このとき、堀江は孫に剥き出しのライバル心を見せた。

「とりあえず、孫さんぐらい抜いておかないとまずいと思います。利益という指標は、現時点ではうちが勝っているわけです。ソフトバンクは赤字ですから。知名度も、勝ったと思う。近鉄買収問題が持ち上がって、孫さんよりも知名度が上がったと思います。知名度は大事です。孫さんに届いてないのは、企業規模、スケール感ですね。売り上げが、こっちが二百五十億円、あっちは、一兆円になるわけじゃないですか。それを早めに逆転したい。孫さんに負けているようなら、世界一なんて、まだまだだと思いませんか」

自信満々の彼は、「人生を賭けた大勝負」のニッポン放送とフジテレビジョンの買収でつまずいた。

「ホワイトナイト」、SBI社長の北尾吉孝の登場によって壮大な夢を阻まれてしまった。

堀江は、政界にも出馬したが成功はしなかった。

絶頂期のホリエモンは、セミナーでわが世の春を謳っていた。

「オレが新しいルールをつくれば、そのルールの中で、おれは神になれる。そのルールが見破られれば、オレはまた別のルールを作り、そこで神になれる」

まさに最初の会社の名「オン・ザ・エッヂ」のエッヂの「崖っぷち」のとおり、崖っぷちを急いで走り続けた。が、ついに崖っぷちで足を踏み滑らせ、逮捕されてしまった。

ムショ暮らしを余儀なくされ、出所したが、それでへこたれるホリエモンではなかった。いまや書籍や発言を通して「ホリエモン教」の教祖として脚光を浴びつづけている。

わたしが彼に初めて会った時ぶちあげた「宇宙旅行への夢」を失うこともなく、実現に向け着々と手を打ち続けている……。

今回あえて選んだ「江副山脈」「孫山脈」の五人の蒔いた種は、令和に入り、新たなるベンチャーの志士たちを産むであろう。第二の孫正義、第二の江副浩正のような天才的ベンチャーの志士の現れることを期待してやまない……。

目次

第1章 孫正義 守り続ける「二乗の法則」

第5章 藤田晋

組織として最も必要な五つの能力を備えた男

第6章｜堀江貴文｜元ライブドア代表取締役社長CEO——279

不死身、ホリエモン健在なり

ソフトバンク創業者 孫正義 1

第1章

守り続ける「二乗の法則」

はみだすエネルギー

わたしが孫正義とはじめて会ったのは、一九八四年（昭和五十九年）であった。いまから考えると、孫はそのとき、まだ二十七歳の若さであった。が、わたしの眼には、青年というより、少年に映った。

天才エジソンを想わせる広い大きなふくらみを持った額が、ひときわ目立った。わたしは、その額の奥に精密なコンピュータ部品でもぎっしりと詰まっていて、額を開くと、中から部品が勢いよく飛び出してきそうな想像を引き起こさせられた。

その二年ほど前から、パソコン業界では、アスキーの西和彦のことを「二十七歳の作る天才」、孫のことを「二十五歳の売る神童」と評していた。わたしは、パソコン業界の雄として、孫正義の半生をある小説誌で描くために取材したのであった。

わたしに孫と会うきっかけをつくったのは、わたしの仕事場に当時よく出入りしていた韓国人のプロデューサーSであった。ある日、Sがわたしを誘ってきた。

「わたしの韓国人の同胞で、ぜひ大下さんに書いてもらって世間に知らしめたい二人がいる。ソフトバンクの孫正義さんと、マンション販売で有名なKさんです。紹介しますから、ぜひ会って書いてください」

わたしはＫには興味を抱かなかったが、孫正義にはぜひ会って書いてみたかった。Ｓの紹介で、孫に会ったのである。当時孫の会社は千代田区麹町にあった。

孫は、ビジネス戦略について激しい口調で語ったあと、孫の尊敬する中国の兵法家「孫子」の孫と、自分の名の孫をかけあわせ、二乗した「孫の二乗の法則」についても熱っぽく語った。

孫の戦略は、織田信長をも引き合いに出す。聞いていて、グイグイと引き込まれていった。わたしはつい、孫と一緒に合戦に参加しているような気にさせられた。

実は、わたしは、孫との初対面のとき、孫が、助からないかもしれないというような大病を患い、退院した直後だったことは知らなかった。孫もまた、初対面のわたしに大病をしたことなど打ち明けることはしなかった。あとで孫から聞いたところによると、部下にさえ「アメリカに長期出張していた」と病気のことは隠していたという。

〝電力の鬼〟とうたわれた松永安左エ門はこう言っている。

「人間、傑物になるには、貧乏、失恋、大病、刑務所に入る、の四つの苦境を味わう必要がある」

孫は、松永安左エ門の言葉ではないが、若くして大病を患ったことで、あらためて勉強の場を得ている。もし助かって自分の一生を振り返ったとき、あれほど本を徹底して読んだ時期はないと思えるほど本を読破してみようと思ったという。大学時代には勉強できる幸せをつねに感じていた。発明や試作機づくり、商売の拡張などで教科書を読み込むことはあったが、小説などを読むことはほとんどなかった。そんな時間がなかった。

いまは絶好の機会だ。飽き飽きするほどあらゆる本という本を読んでみよう。経験のない大学生時代の読書とは違い、社会に出て経営者として修羅場をくぐっている。読書が観念的なものとして頭に刻み込まれるのではなく、生きたものとして血肉となっていく。

孫は病室に置ききれないほどの経営書や歴史書、戦略書といったあらゆるジャンルを並行して、大好きな司馬遼太郎の『竜馬がゆく』などを乱読しまくり、闘病中に読んだ本の数は、およそ四千冊にもおよんだという。

わたしが、まだそれほどマスコミにとりあげられることのなかった、そのころの孫に興味を持ったのは、彼のひときわはみ出すエネルギーに魅かれたからである。

ただし、わたしは、孫が、現在の「世界の孫正義」となるほどの怪物になるとまでは予想しなかった。

孫は、会うたびに大きくなっていった。

そのエネルギーたるや怪物といえよう。

帝王学を学ぶ法はある

孫正義は、昭和三十二年（一九五七年）八月十一日、佐賀県鳥栖市に生まれた。日本名は安本正義であった。

祖父は、故郷である韓国南東部の大邸から十八歳のときに日本の九州に渡り、筑豊炭鉱で炭鉱労働者をやっていた。のちに小作農として佐賀県鳥栖市に住みついた。

孫家は、高麗将軍の孫幹を先祖にもつ、韓国では代々武門の誉れ高い家柄であった。祖父はその一九代目にあたる。祖先から受け継いだ武門の家としての誇りをつねに抱いていた。金や目先の欲にとらわれることは汚らわしいことと忌み嫌っていた。

養豚業を営む祖母は、リヤカーを引いて、豚の餌にするために近所の残飯をもらってきた。祖母にくっついて歩いていた正義は、まだ残飯を積んでいないリヤカーに乗せてもらうことがあった。リヤカーには残飯の滓《かす》が残っているのであろう、いつも足元がヌルヌルとして滑りそうだったという。

正義は幼稚園のとき、衝撃的な事件にあう。その日、幼稚園からいつものように帰ってきた。一〇メートル先に、年上の男の子が立っていた。その男の子は正義を見つけると、道端に転がっている拳ほどの大きさの石ころを拾いあげた。

「朝鮮人！」

正義は、よける間もなかった。石ころは、正義の頭にぶち当たった。血が吹き出た。

あまりの痛みに、その場にうずくまった。

〈どうして……〉

子どもながらに、言いようのない衝撃を受けた。

おじいちゃんやおばあちゃんが韓国から渡ってきたというのは知っていた。しかし、家では日本語しかしゃべらない。どこの家とも変わりなく暮らしている。なのにどうして石ころを投げつけられなければならないのか。正義には、まったくわからなかった。

しかし、まわりの人たちとは違う。そのコンプレックスが正義に深く刻みつけられた。

幼稚園に通う子ども心に、自分に言い聞かせた。

〈韓国から渡ってきた家の子どもであることは、口にしてはいけないことだ〉

正義は、まわりの親しい友だちにも、このことだけはなにがあっても口にしなかった。

小学校三年生にあがったころはこう思っていた。

〈将来は、小学校の先生になりたい〉

しかし、難関があった。正義が通っている公立の先生は公務員である。先生になるには日本国籍がなくてはなれないとわかった。

正義は、父親の三憲に食ってかかった。

「父さん、お願いだから帰化してください。じゃないと、ぼくは先生になれないんだ！」

三憲は、さすがに困った表情を浮かべた。

しかし、正義はトイレに行く父親まで追いかけて執拗に迫った。三憲はやや苛立たしげな口調で言った。

「おまえの気持ちもわかるけど、小学校の先生になんぞなってもつまらんぞ。そのうち帰化せんでもなれるようになるかもしれん」

正義が帰化を迫ったのは、あくまでも先生になりたいがためだった。

しかし、国籍が違うとどうして先生になれないのか。矛盾している。国籍により、なぜ人生を左右されなくてはいけないのか。国籍という厚い壁のようなものを感じた。

孫は、小学校六年生のときに担任の先生と交わしていた日誌の裏に、こう記していた。

『涙は人間の感情をあらわす大切なものだ。

しかし、なかには残忍な涙もあるんだよ。「黒人差別のいかりの涙」

世界中の人々は、いまもそして未来も泣きつづけるだろう』

しかし、正義は差別を受けても、萎縮してうずくまりはしなかった。むしろ攻撃的ですらあった。

正義は、このコンプレックスを成長のバネにしていく。

安本正義は、パチンコ屋やレストランを経営していた父親の三憲に幼い時から「お前は天才だ」といわれつづけた。天才という意味もわからないうちから思いはじめた。

〈なるほど、お父さんが嘘を言うはずはない。ぼくは天才なのか〉

三憲は、小学校五年生の正義に言った。

「今度、デパートの近くに『山小屋』という名のレストランをつくろうと思うんだ」

「山小屋?」

「街中に、丸太やなにやらで山小屋風のレストランをつくるんだ。そうすれば、みんなの心がなごむだろう」

三憲は正義に言ったとおり、デパートの近くに丸太で山小屋風の建物をつくった。柱の木も表面を焼いて、いかにも囲炉裏か暖炉のある小屋のように仕立てた。

正義も三憲を手伝った。三憲とトラックに乗って川の上流に行き、石ころや岩を拾ってまわった。岩は、いかにも山の頂上にいるような雰囲気を出すために小屋のまわりにバランスよく置いた。石ころは、セメントを塗りこんだ壁や床に敷き詰めた。

三憲は準備を進めるかたわら正義に訊いた。

「値段は、どうしようか」

「こういう形でコーヒーの無料券を配ろうと思うんだが、どうか」

正義は、自分の知恵をふり絞って答えを出した。

三憲は、正義が答えるたびに感心した。

「おお、それはいい。やっぱり、おまえは天才だ」

実際は三憲が考えていたことだが、手柄は正義のものにした。それが三憲なりの教育だった。三憲は正義の意見を一部分でも取り入れたところは正義に伝えた。

「ここは、おまえが言ったアイデアで決めたからな」

正義は、そのたびにうれしくてならなかった。より積極的にアイデアを出すようになった。

店のチラシも、正義に描かせた絵を使った。

正義は、そのようにして、物心ついたときからどういうお金の仕組みで事業は成り立っているのかを身をもって知ることができた。

正義が公務員の息子であったら、のちの孫正義はなかったであろう。正義は、父三憲から自然にビジネスの帝王学を学んでいたといえよう。

正義は、中学二年生のころから織田信長、豊臣秀吉、徳川家康などの戦国武将の本を読むようになった。三人の武将のなかでは、伝統主義の破壊と合理主義を貫いた織田信長が一番好きであった。

中学三年生になったとき、さらにひとつの作品と出会った。歴史小説家である司馬遼太郎が、幕末の志士、坂本竜馬の生きざまを活き活きと描ききった『竜馬がゆく』である。正義は、八巻にもおよぶ長編小説を一気に読みきった。

坂本竜馬は、文久二年、土佐藩を脱藩して幕府軍艦奉行勝海舟の門に入り、神戸海軍操練所塾頭となる。土佐召還の藩命を拒み、慶応元年、長崎に海運と貿易をめざす亀山社中を組織する。いっぽう、薩長同盟の成立を仲介、脱藩の罪を許されて社中を海援隊と改称。「船中八策」を草して朝廷中心の公議政体論的国家構想をかため、土佐藩の大政奉還を画策して成功。慶応三年、京都で中岡慎太郎と会合中に暗殺された。

正義は、明るくさわやかで自由に生き抜く竜馬に惚れこんだ。

ちょうど高校進学をひかえ、自分の人生ということを真正面から考え出していた。

〈竜馬のように、とことん志どおりにやり抜いて、燃えつきたと自分で思えるほど燃焼しきって死にたい！〉

幼いときから、小学校の先生、画家、事業家、政治家のどれかになろうと考えていた。その四つに共通するのは、いずれにも創造性が求められるということである。

中学校に入ったころには、すでに小学校の先生は国籍の問題で無理とわかっていた。政治家か事業家のどちらかに絞った。そして、自分がはじめて人生の岐路の選択をするときになって、事業家として日本一になることを決意した。

〈坂本竜馬のいた幕末のころなら、政治にもダイナミックな変化があった。いまは、政治の世界も成熟し、腹芸の世界に入っている。創造性がない。ぼくの血も燃えそうにない〉

父親である三憲の影響も、大きかった。

正義は、中学三年生にして、事業家として日本一になると目標を定めたのであった。

カルフォルニア大バークレー校

昭和四十八年（一九七三年）四月、久留米大学附設高校に入学した。

正義は、昭和四十九年（一九七四年）二月、一年生なのにアメリカに渡った。

正義は、カリフォルニア州のオークランドにある英語学校にまず入り、徹底的に英語を勉強した。

七カ月後の九月、四年制のサラモンテ・ハイスクールの二年生に編入した。

正義はホーリーネームズカレッジの二年生を終わると、カリフォルニア大学経済学部、つまりバークレー校三年生に編入した。

〈卒業したら、日本に帰って会社を起こす。そのための準備にかからなくてはならない〉

大学を卒業して企業に就職するつもりはさらさらなかった。すぐに会社を起こすためには卒業してから準備を進めるのでは遅い。学生のうちに軍資金と、会社を動かしていくためのノウハウを身をもって知っておかなければならない。

正義は、あくまでも〝勉強の鬼〟になるという信念を貫いてきた。自分自身で納得するまで勉強するにはアルバイトをしている暇はなかった。一日五分で最大の効率を上げなければならない。頭をフル回転させるしかない。正義は手を打った。

〈そうだ、発明だ。発明で稼ごう!〉

松下電器の創始者である松下幸之助は、ひとつの電源から二つの電球をともすことのできる二股ソケットや、それまでのランプよりも明るく長持ちする砲弾形電池式ランプを発明したのをきっかけに、松下王国を築きあげた。

〈同じ人間である松下幸之助にできて、自分にできないわけがない〉

正義は一日にひとつ発明することをおのれに課した。一日にひとつの発明というのは天才発明家エジソンでも不可能なことであった。正義はあえてその不可能に挑戦した。正義は考えていた。

〈二つや三つの発明品を考え出して商品化するのは、あまりにも当たり外れが大きすぎる。それよりも、数かぎりないアイデアのなかから選び抜き、絞りこんだものを商品化してい

くんだ〉

発明する時間になると、目覚まし時計を五分後に鳴るようにセットした。時計が鳴ると発明の時間は終わるが、わずかこの五分間、孫はそのよろこびにひたっていた。

孫は、自分の姿を見るものをすべて石にしてしまったギリシャ神話のメデューサよろしく、見るものすべてを発明と結びつけた。

猛勉強のために睡眠不足となりがちだった。次のクラスがはじまるのを教室の外で待っていて、気がついたら廊下で寝ていたことがあった。そのときの苦い体験からもアイデアを思いついた。

〈声の出る腕時計は、どうだろう。「おい、起きないと大変だぞ！」とか「四時だぞ、約束の電話をしなくては！」とか……〉

さっそく、発明ノートに書きこんだ。

〈スピーチシンセサイザーで、マイクロコンピュータをつけてつくればいい。ただし、少しぶ厚くなる。コストも高くつく〉

自動車の運転席の前に設置した画面に地図が映る。ボタンを押して行く先を指定すると現在地に赤ついランプが点くという発明も考えた。いまでいうナビゲーションシステムである。

万年筆とボールペンのそれぞれの特性を組み合わせ、わざわざボールペンの尻についてるボタンを押さなくても芯の色を変えられる三色ボールペンのアイデアも考えた。

それらを、わずか五分で考えついた。

商品化できるかできないかはわからなかった。が、発明品は湧いて出るようにいくらでも孫の頭から浮かびあがってきた。商品化できるものを発明する日も近い。そんな錯覚すらおぼえるほどだった。

二カ月ほどしたある日、孫はいつものように机の上に発明ノートを用意した。

〈ようし、今日もおもしろい発明品を考え出してやるぞ!〉

目覚まし時計のスイッチを、オンに入れた。ところが、なにも浮かんではこない。一秒一秒制限時間に近づいていく時計の針音だけが、やけに大きく耳に響いた。広い額に、汗がにじんだ。

ついに椅子から立ち上がった。どこかに発明のヒントがあるはずだ。部屋のなかを歩きまわった。時間が迫ってくるにつれ、焦り、せわしなく動きまわった。が、頭のなかは霧がかかったように真っ白のままである。

五分がたったことを告げる目覚まし音がけたたましく鳴り響いた。まったくアイデアが浮かんでこないのは、はじめてのことだった。言いしれぬ敗北感に胸がざわめいた。しかし、孫は思い直した。

〈いや、今日はたまたまそうなったにすぎない。明日になれば、また思いつくさ〉

すぐに勉強にとりかかった。

翌日、孫は昨日の敗北感を振り払うように気合をこめて目覚まし時計のスイッチを入れた。が、この日もまたひとつのアイデアも浮かばないまま無情にも目覚まし音を聞いてしまった。孫はうなだれながら、けたたましく鳴りつづける目覚まし音を切った。

そんなことが三日も四日もつづいた。

〈おれも、ついに枯れてしまったか〉

発明のプロセスを発明した

発明に行き詰ったある日、正義はふと思いたった。

〈そうだ。いままでは偶然に発明していたにすぎない。偶然を頼っていてはコンスタントにしかも大量に発明することはできない。発明するプロセスを発明するんだ！〉

そもそも発明とはどうして起こるのか。孫はじっくりと考え直した。

よく考えると、パターンは三つしかない。

ひとつは「問題解決方法」だ。よく必要は発明の母なりという。寒いとか靴が固くて足が痛いという不都合な問題が起きたとき、人はより快適にするための方法を考え出す。つまり、問題を見つけただけで半分発明できたのと同じなのである。

二つめは「水平思考」だ。逆転の発想である。へそ曲がりの発想といってもいい。これまであったものを、たとえば四角いものなら丸くする、赤いものなら白くする、大きいものなら小さくするというように、なんでも逆にしてみる。上から下にいくものであれば、下から上にあげてみる。

三つめは組み合わせ方式である。カセットとラジオを組み合わせるとラジカセ。オルゴールと時計を組み合わせると目覚まし時計。いままであるものに違ったものを組み合わせると、いままでなかったものになる。

それまで発明発明と力んでいたが、その原理をたどっていくと意外にも思っていた以上にアイデアが出る。それをうまく応用していけば、かならずやいい発明ができる。正義は確信に似た思いを抱いた。

そしてさらに三つをもっと絞りこんだ。

〈もっともシステムとしてできるのはどれだろうか〉

もっとも大量に発明ができるのは、「組み合わせ方式」のように思えた。

正義は英語の単語を暗記するカードを買いこんだ。そして、自分の眼につくものをとにかくカードに書きこんでいった。

りんご、キャベツ、メモリーチップ、電話……。

カードの数は、何百枚にもなった。

発明の時間になると、その何百枚のなかから三枚を抜き出した。

りんご、時計、クリーム。

出てきた脈絡のない三枚のカードに書いてあるものを強引に結びつけて、新たなものを考え出した。

そういうことをしているうちに、三枚のカードに書かれたものを見ていると、ほんの五秒ほどでとんでもないものを思いついたりする。

そのうち、どんどん刺激されていくらでもアイデアが出るようになった。五分間でまったくなにも思い浮かばないということはなくなった。およそ十回に一回は、商品化できるのではないかと思えるものすら浮かぶようになった。

孫は、ついに発明のプロセスを発明したのである。

発明のプロセスを発明した正義は、さらに考えた。

〈これをコンピュータでやったら、どうなるだろう〉

正義は、発明したアイデアを商品に仕立てあげていく事業家になるための第二段階に進まなければならなかった。

資金を集めるためとか生活費のためならば、てっとり早く商品化できるアイデアはいくつもあった。たとえば洋式トイレの便座カバーだ。洋式トイレ用便座は他人のお尻に自分の尻が触れるような感覚があり、ときに汚いと感じることすらある。しかも固くて冷たい。よく布のカバーをしているが、それは柔らかさとか温かさではいいが、座ったときの嫌な気持ちは残る。

正義は考えた。

〈発泡スチロールの便座カバーをつくってはどうか〉

マクドナルドで売っているビッグマックというハンバーガーをいやというほど食べ、そのカバーを集めた。そして、そのカバーを切り開いて便座カバーをつくってみた。温かくて尻に柔らかく触れる。使い捨てだから嫌な気持ちはない。コストもたいしてかからない。つくるのもたやすく、おそらく商談もすぐにまとまるだろう。もしこの便座カバーを世界中のホテルに供給すれば、いい収入になるに違いない。

しかし、正義は考えた。

〈日本、いや世界を相手に事業を起こす者が便座カバーからスタートしたとあっては、志

が低すぎはしないか〉

便座カバーだけにかぎらず、儲けるためだけの発明品はすべて切り捨てた。

孫は、アイデアタンクに記憶されている二五〇もの発明のうちのひとつ、音声つき電子翻訳機に絞りこんだ。スピーチシンセサイザー、辞書、液晶ディスプレイの三つの要素を組み合わせてコンピュータが打ち出してきた、合成音声つきのエレクトロニック・ディクショナリーである。

外国旅行中に外国人と話すときに、電卓のように日本語で「空港マデ行ク近道ハアリマセンカ」とキーボードで入力すると、英語やフランス語に同時に翻訳される。しかも声になって出る機械である。

どんな事業を展開するにせよ、コンピュータだけはかならず使うようになることは読めていた。さらに、音声つき電子翻訳機は便座カバーのように簡単にはできない。第二、第三の試作機をつくり、試行錯誤を繰り返していかなければならないに違いない。かならずやその経験はどんな事業を起こすときにも生きてくる。

〈それに、そこには夢がある！〉

孫はシステム設計の大枠をつくった。

が、スピーチシンセサイザーならスピーチシンセサイザー、プログラムならプログラム、いずれも一生をささげるほどの広さと深みをもっている。孫自身が、ひとつひとつを設計していては何年かかるかわからない。

〈それなら、専門家たちを集めたプロジェクトチームをつくってやったほうがいい〉

完成した暁には、特許の権利は九七％を自分で所有し、残りの三％をプロジェクトチームのメンバーにゆずればいいと考えた。

音声つき電子翻訳機の商品化

正義は、音声つき電子翻訳機を商品化するため、さっそく大学の教授や研究者の名前を連ねた職員名簿を手に入れた。

なにしろ、ノーベル賞受賞者を数多く輩出するバークレー校である。日本よりもはるかに進んだマイコンテクノロジーの最先端にいる研究者たち、ドイツ語、イタリア語、フランス語の言語学者をはじめ、必要な人材はいくらでもいる。

コンピュータ学部の教授陣を中心に、電話を片っ端からかけまくった。

「プログラミングについて一番有能な先生は、誰ですか」

「スピーチシンセサイザーの権威は、誰でしょうか」

電話しながらたどっていくと、どの教授や研究者に聞いても共通の名前が出てくる。

〈この人の名前は、あの人からも出たぞ。この人は、きっといい先生に違いない〉

さらには、新聞記事に載っていた教授などにも当たりをつけて絞りこんだ。

正義はまず、バークレー校の宇宙物理学教授フォーレスト・モーザーに白羽の矢を立てた。ワンチップコンピュータによるスピーチシンセサイザーの世界初の実用化に成功した人物である。

正義は決めた。

〈プロジェクトチームに加える研究者は、すべて世界の一流の研究者にしよう。それらの研究者を信用させるためのキーパーソンとして、モーザー教授をまず口説き、突破口にしよう〉

さっそくアポイントをとり、会いに出かけた。孫は、無精髭をはやし、スリッパをつっかけた姿で教授の部屋を訪ねた。

「今度、音声つき翻訳機というのを考え出したんです。プロジェクトをつくりたいので、参加してくれませんか」

正義は熱に浮かされたように自分のアイデアをまくしたてた。

モーザー教授は、東洋からきた怪しげな学生の言うことにキョトンとしていた。

〈ひょっとして、誇大妄想狂ではあるまいか〉

そう思っているようである。

が、しだいに正義の話に引きこまれた。

正義が説明し終わると、青い眼を輝かせた。

「うむ。なかなかおもしろそうじゃないか」

「プロジェクトチームのメンバーになってくださいますか」

「でも、忙しいんだよね」

「わかります。しかし、この発明はあなたが開発したスピーチシンセサイザーチップを使用するんです。もちろん、ただでとは言いません。プロジェクトですから報酬は払います。一時間いくらということで払います」

モーザー教授はうなずいた。

「それなら、いいだろう」

「でもいまは、ぼくには資金はありません。ないけど払います。どういうふうに払うかといえば、出来高払いの成功報酬です。試作機ができたら、ぼくがどこかの会社に売りこんできて契約して契約金をもらったら払います」

モーザー教授にどれくらいを払えばいいか訊き、その時給を払うことを約束した。自分の提示した時給を払ってくれるならばかまわないと、モーザー教授も納得した。

交渉は成立した。

教授は言った。

「このようなプロジェクトでは、全体を管理する人をはっきりさせる必要がある。きみが言い出したプロジェクトだから、きみがボスだということを明確にしておこう」

正義は、教授のフェアな提案にえらく感動した。

正義はキーパーソンのモーザー教授の攻略に成功すると、アメリカ航空宇宙局（ＮＡＳＡ）の宇宙衛星アポロに最初にマイクロコンピュータを搭載したときのハードウェア設計者、人工衛星のコンピュータの組み立ての技術者、バークレーラボの原子力科学研究所のソフトウェア設計者と交渉し、全員を協力させることに成功した。モーザー教授と同様すべて成功報酬という約束であった。

こうして、錚々たるメンバーが揃ったプロジェクトチームができあがった。

正義はそのなかでもっとも若かった。そのうえもっとも知識が少なかった。しかし、全体のまとめ役としてプロジェクトチームの教授たちの尻を叩いた。

正義は、早々と「Ｍ　ＳＰＥＥＣＨ　ＳＹＳＴＥＭ　ＩＮＣ」という会社を作った。「Ｍ」は、孫のパートナーでスピーチシンセサイザーを開発したモーザー教授のイニシャルである。学友の台湾人ホン・ルーを仲間に引き入れていた。

正義は、しばらくしてホン・ルーに黒い箱を見せた。

「これが、モーザー教授たちとプロジェクトチームをつくっていよいよ完成にこぎつけた音声つき電子翻訳機だ」

横二〇センチ、縦一五センチ、厚さ五センチ、弁当箱くらいの大きさの音声つき電子翻訳機の試作機であった。

箱もキーボードもディスプレイもついていた。もちろん、なかのコンピュータも全部プロジェクトチームで設計したものである。

このときつくったのが世界初のポケットコンピュータのハードウェアの原型で、そのアプリケーションソフトが音声つきの翻訳ソフトであった。英語とドイツ語の二ヵ国語を相互に翻訳する機械だった。

たとえば、「おはよう」の意味である英語の「グッド・モーニング」をキーボードに打ちこむと、ドイツ語で「グーテン・モルゲン」と発声し、液晶画面に「Ｇｕｔｅｎ Ｍｏｒｇｅｎ」と表示される。

が、そのままでは商品化することはできない。これはあくまでもアイデアである。形や見た目は次の問題で、商品として売り出す形にするのはあくまでもメーカー側の仕事である。

初の成功報酬料で手にした金額

孫は試作機を風呂敷に包みこみ、大学の夏休みを使って日本に帰った。

孫は、絞りこんでいた。

〈狙いは、シャープだ〉

電卓を日本で最初に開発したのはシャープである。カシオも電卓には強いが、スピーチシンセサイザーをつくれるかどうかコンピュータ面における総合力でそう比較したのである。正義は、いよいよ本命である奈良県天理市にあるシャープ中央研究所に出向いた。

正義は、専務で天理市の中央研究所所長の佐々木正の前で風呂敷包みを解いてみせた。キーボードが配列してあるブラック・ボックスがあらわれた。

正義は、佐々木からまったく眼を逸らさず懸命に説明した。その眼は澄み切っていた。

「こうしてボタンを英語で押しますと、このように日本語になって即座に声まで出ます。これは英語とドイツ語の翻訳機ですが、日本語とドイツ語、日本語とフランス語にしてつくれば日本人にも役立つと思います」

佐々木は孫の説明を聞き、実際に動かしてみた。

「なかなかおもしろいな」

ものはなかなかいい。そのうえ正義という青年はまじめそうだった。佐々木は直感した。

〈この青年は、伸びるかもしれない〉

正義は、契約料としてとりあえず二千万円を手にし、意気揚々とアメリカへ引きあげた。

その二千万円のうちから、プロジェクトメンバーに、成功報酬料をまず払った。

シャープとの契約にこぎつけた正義は、会社を「ユニソン・ワールド」と改称した。

結局、この機械はのちにシャープから世界で初めてのポータブル翻訳機「ＩＱ３００Ｇ」として売り出される。

孫は、はじめてのビジネスで一億数千万円を手にしたわけである。

さらにこの機械は、ひとつでさまざまな情報を入手できる電子手帳へと発展していく……。

あえて韓国名の「孫」を名乗る理由

正義は、昭和五十五年（一九八〇年）三月、カリフォルニア大学バークレー校を卒業すると同時に、日本に帰った。アメリカにつくっていたユニソン・ワールドは、副社長であるホンにまかせた。

なお、正義は、学生時代に優美と結婚していた。

福岡市内の古いビルの二階に、企画会社としてユニソン・ワールドという社名で事務所を構えた。

会社を登記するとき、自分の名前を「孫正義」と書きこんだ。それまでの日本姓である「安本」を捨て、代々伝わる韓国名の「孫」姓を名乗る決意をしたのである。

親戚たちは、懸命に止めた。

「正義よ、おまえは、まだ子どもだからわからないんだ。学生上がりで、世の中ってもんがわかっていない。韓国名の孫の名前で出ることがどれだけ後々苦しむことか……。悪いことは言わん。安本の名前でいけ」

「いや、国籍の違いで離れていくような人は、むしろ自分があとで恥ずかしい思いをするんだ。ぼくから言わせれば、そういう人たちのほうがかわいそうな人ですよ。物事の本質を見られない人間ですからね」

孫は、アメリカで青春期を過ごしたことにより、すでに国籍へのコンプレックスを吹っ切っていたのではあるまいか。

日本は単一民族に近く、日本人であるのか日本人以外の血を引いているのかということが問題になる。しかし、アメリカは多民族国家である。さまざまな民族が集まって国家を形成している。人種のるつぼである。韓国人の血を引いていることにコンプレックスをもつ必要もなかった。

孫の魔法のノート

孫は、自分のスタートにもっともこだわっていた。

〈メダカの子どもで生まれるか鯛の子どもで生まれるか。それとも鯨の子どもで生まれるか。同じ子どもでも、なんの子どもで生まれるかで、成長したときの大きさはたいてい決まってしまう〉

確率論から言えばそうなる。もしも、規模が小さく、てっとり早い業種からはじめれば、十年先、二十年先はかならず頭打ちになる。そのたびに業種を変えていかなければならない。

孫は、そんなことはしたくなかった。

〈大きく育つ可能性を抱いた業種を、自分の知恵と才覚で大きくしたい。日本一にしたい。いや、してみせる〉

孫は、土俵を選ぶための条件をまずノートに書き出してみた。

「儲かる」

「ビジネスにやりがいがある」

「構造的に業界が伸びていく」

「資本がそれほどなくていい」

「若くてもできる」

「将来の企業グループの中核になる」

「自分自身やりがいを感じる」

「ユニークである」

「日本一になりうる」

「人を幸せにできる」

「世界中に拡大できる」

「進化を味方にできる」


その数は二五項目にもおよんだ。

アルバイトの二人には、いつも熱っぽく語っていた。

「おれは、五年で百億円、十年で五百億円、いずれは何兆円規模の会社にしてみせる」

何万人規模、何兆円規模の会社まで大きくし経営していく。商売のような小手先の戦術的なものではなく、戦略的な規模で物事を動かすことこそ、もっとも自分に合っていると信じていた。

孫は、昭和五十六年（一九八一年）の夏に東京に進出した。その名もユニソン・ワールドから「日本ソフトバンク」と変えた。

まもなく十一月、大阪日本橋の上新電機の社長・浄弘博光が、日本ソフトバンクの事務所を訪れた。浄弘は出迎えた孫を見ると、豆鉄砲をくらった鳩のように眼を丸くした。童顔でまだ学生だと言っても通るような青年が出てくるとは思ってもみなかった。しかも、間借りしていた事務所には、机が二つ並べられているにすぎない。なんとも閑散としている。

孫は身を乗り出して、大風呂敷を広げた。

「あなたが日本一のソフト販売店になるように、立ち上げを応援します。日本中にあるソフトを一堂に集めて、すべてが揃っている店、日本一の店をつくりましょう。だから、独占的に品物を供給する権利をください。ほかからはいっさい入れない。そのかわり、自分も徹底的にやります。やらせていただいたら、ほかのいろんなアイデアを出します」

浄弘社長は、声をたてて笑いはじめた。

「おまえ、おもしろいやつだ。なにもなくて独占させろだと」

が、すぐに真顔にもどってつづけた。

「自分の若いときを思い出したよ。おまえに賭けてみようじゃないか。全部まかせる」

孫は、身を乗り出した。

「ほんとうですか」

「とことんやってみてくれ」

浄弘は右手を差し出した。

孫はその手をしっかりと握った。

孫は、次の週、東京の〝秋葉原〟に匹敵する大阪の電機店のメッカ〝日本橋〟にある上新電機を訪れた。とにかく一度、店舗を見に来いという浄弘の言葉を受けてのことだった。

パソコンのソフトは、ガラス張りのケースのなかに並べられていた。客が店員に頼むと、店員が鍵を開けて見せ、説明することになっているらしい。

孫は、一緒にまわっていた浄弘に言った。

「社長、これではぜんぜん駄目ですよ」

「なんだって」

孫はつづけた。

「ソフトも少なすぎます。そもそも、ソフトをガラスケースに鍵をかけて入れることじたいがナンセンスですよ。全部オープンケースにすべきですよ。売り場面積の中心がハードになるのはわかっています。だけどこれではソフトは売れないですよ」

「じゃあ、どうすればいいんだ」

孫は、ハードウェアのポスターが貼ってある壁一面を指さした。

「ぼくに、この壁一面全部ください。ケースをつくってソフトを並べます。このままではもったいない」

「でも、どのくらいの品揃えで、どのくらいの金がかかるんだ」

「そうですね、二千万円くらいでしょうか」

「二千万円だって！」

眼を丸くしている浄弘をよそに、孫は平気な顔で言った。

「二千万円分、ぼくがなんのソフトを揃えるか、仕入れ担当の方といちいち交渉するのは効率が悪いから嫌です。時間もありません。とにかく、二千万円のなかで、品揃えはぼくにまかせてください」

「わかった、まかせようじゃないか」

浄弘は、そう言ってつづけた。

「ところで、オープンスペースにするんなら、万引きにもあうんじゃないのか」

「万引きにあうのも、コストのうちです」

「じゃあ、品物を揃えるのはいいけど、不良在庫が出たらどうするんだ」

「不良在庫は、かならず出ます」

「おまえ、返品を受け取るんか」

「いや、受け取るだけの資金はない。将来はわかりませんが、とりあえずはできません」

「じゃあ、売れ残らない保証はどこにあるっていうんだ」

「そんな保証はありませんよ。それもコストのうちです。ネオンサインを出すのもチラシをつくるのも、コストでしょ。そのコストにかけるより、日本で一番ソフトが揃っているという謳い文句ひとつで客は集まります。不良在庫が出ても、日本一ソフトが集まっているというキーワードに客は引き寄せられてくる。ぼくは、少なくとも日本一ソフトの品揃えをした店を実現してみせますよ」

　浄弘は、平気で言いのける若者の活きのよさがうれしかった。

「そうか。それならやってみい！」

勝機に迂回はない

　孫は、一方で、並行してソフト制作会社に狙いを定めていた。まず、全国に当時五十社あったソフト制作会社のなかでも、一位のハドソンに白羽の矢を立てた。ハドソンは、工藤裕司と浩の兄弟が経営していた。札幌に本社を置いているが、ソフトメーカーの先端を突っ走っていた。

孫は、電子翻訳機のプロジェクトチームのときのように、業界のトップを狙った。

〈信長の桶狭間の奇襲戦法をとるしか、成功の道はない〉

まずハドソン社長である、兄の工藤裕司と、赤坂にある東京営業所で会った。

親分肌の裕司は孫の話を聞くと、思ったよりもすんなり話が進んだ。

「おまえと取引してもいいよ」

裕司は、弟で副社長の工藤浩に会ってくれと孫に言った。ハドソンの実務的なことはすべて浩がになっていたのである。

孫は、社長である工藤裕司につづいて副社長である工藤浩と会った。浩が上京し、ハドソンの赤坂事務所に来たときである。

孫は、自信満々の口調で言った。

「おたくと独占契約を結びたい。つまり、うちを通じてでないと、ソフトの小売店にも置かないようにしたいわけです」

ハドソンはそのころ、ソフトは直接販売店に卸していた。電波新聞などと相手先ブランド契約であるＯＥＭ契約を結び、通信販売でもソフトを売っていた。孫はそれらの取引先をすべて切って、日本ソフトバンクだけに独占させてくれというのである。

さすがの工藤浩もおどろいた。

「おたくとだけという取引にすると、うちは売上げが減ってしまう」

「たしかに、売上げははじめのうちは落ちます。おそらく半分くらいになるでしょう。さらに、うちを通すことによって中間マージンをうちが抜くわけですから、利益率だって落ちます。しかし、わたしは半端な売り方はしません。ソフトの卸に情熱をかたむけていきます。死にもの狂いでやります。やがてはいまの何十倍もの儲けが出るはずです」

このとき上新電機との話は進んでいたが、まだ正式な契約はすませていなかった。実績はなにもない。

しかし、孫は上新電機の浄弘社長に話したように、自分の情熱と夢を語った。

「とにかく、ぼくに一回賭けてみてください。売上げはかならずや伸ばしてみせます。メーカーとしていいソフトをつくることに全精力をあげて日本一になってください。ぼくは徹底的に売りまくりますから」

工藤浩にとっては雲をつかむような話である。腕を組み捻った。

が、しばらく考えて言った。

「なかなかおもしろいやつだ。おまえに賭けてみるか」

「ありがとうございます。ぼくもとことんやってみせます」

孫は深々と頭を下げた。


孫は上新電機のパソコンコーナーを自分の思いどおりにつくりかえた。ソフトも二千万円分、一千種類を壁一面に置いた。

さらに、「日本一のソフト販売店」を大々的にアピールした。

パソコンコーナーを一新してから、上新電機のパソコン部門の売上げは以前の三倍に跳ねあがった。それ以後も、全国一位のパソコンショップの座をわがものとする。

孫も、はじめて大きな取引先を確実に手に入れた。孫は勢いに乗った。日本ソフトバンクの評判は、口コミでどんどん広がっていった。売りこみをしなくても相手から注文が入ってきた。

孫は、注文を受けると目抜きのコーナーにかならずハドソンのソフトを全種類置いた。

日本ソフトバンクの売上げも、ハドソンの売上げも急激に伸びた。

ソフトメーカーからも注文が殺到するようになった。

「ハドソンが、なんで急激に伸びているか」

それは日本ソフトバンクのおかげであるということになったらしい。

日本ソフトバンクは、孫が思っていた以上の効果で雪だるま式に大きくなっていった。

一発逆転の発想

孫は、昭和五十七年（一九八二年）五月、NECのPCシリーズの専門誌「Oh！　PC」とシャープのMZシリーズの専門誌「Oh！　MZ」の創刊にこぎつけた。

創刊から二カ月後、売れ残った雑誌が会社に運ばれてきた。さすがに孫も肝が冷えた。

〈こんなにとは……〉

言葉がなかった。「Oh！　PC」にしろ、「Oh！　MZ」にしろ、売れていないということは感覚的にわかっていた。ところが、日本ソフトバンクに運びこまれた返品は孫の想像をはるかに超えていた。倉庫には大きな山ができあがった。それぞれ印刷した五万部のうち、八〇％にあたる四万部以上が返ってきてしまったのである。すぐさま、ゴミ捨て場の夢の島へ運んで焼いた。ライバルであるアスキーの郡司明郎社長や工学社の星正明社長の高笑いが聞こえてくるようだった。

〈ちくしょう！〉

孫は、屈辱感に舌打ちした。

昭和五十八年（一九八三年）もあと一カ月ほどに迫ったころ、孫が出版事業部の者たちに檄を飛ばした。

「『Ｏｈ！　ＰＣ』の再生作戦を実行する。判も変えて、テレビＣＦも打つ。一気に出版事業部の黒字化をはかる」

さらに、孫は息巻いた。

「一二万部から一三万部刷る。そうしないと、出版事業部は生き返らない」

孫は、この賭けを成功させるために「Ｏｈ！　ＰＣ」の編集を橋本五郎にまかせた。

橋本は、「Ｏｈ！　ＰＣ」再生作戦に賭ける孫に圧倒されてしまった。たかだか一冊五百円ほどでしかない雑誌に一億円はかかるＣＦを打ち、返品の山が築けるほどの雑誌をいままでの倍以上刷ろうというのである。なみの決断力と行動力では到底できることではない。

橋本五郎は、中綴じのＡＢ判であった「Ｏｈ！　ＰＣ」の判型を平綴じのＡ４変形にし、背表紙がつくような厚さにした。いまの一般的な雑誌のスタイルにしたのである。

孫は、さらに幹部の立石勝義をおどろかせた。

「テレビＣＭを流して、一発逆転を狙うんだ」

立石は、さすがに止めにかかった。

「社長、とんでもないことです。パソコンというのはまだ購買層が限定されています。それだけ市場も小さい。ＣＭを流すなんて、ナンセンスです」

いくらソフトの売上げがあがっているとはいえ、ＣＭを流すほどの余裕はない。立石は真っ向から反対した。

が、孫はまったく耳をかたむけない。

「いや、これはやらなければいけないんだ」

孫は、電通に出かけ担当者にぶちまけた。

「二月のテレビのスポットを一億円分買い取りたい。『Ｏｈ！　ＰＣ』のＣＭを流したい」

そのころは機種別の専門雑誌を知らない人が多く、それが売れない大きな原因のひとつだった。どんなにいい雑誌であろうと、知られていなければ売れるわけがない。もっともアピール効果があるのは、なんといってもテレビだった。それも、中途半端では効果はない。おどろきをあたえるためには、見ている人たちがうんざりするほどＣＭを流すしかない。

電通の担当者も、さすがにおどろいた。

「あの雑誌のＣＭに一億円ですか。それはやめておいたほうがいいですよ。無謀です」

孫は、書籍取次大手である東販と日販にも足を運んだ。

担当者に頼みこんだ。

「二月号の『Ｏｈ！　ＰＣ』は、一〇万部を納品させてくれませんか」

「えっ、一〇万部ですか……」

担当者はおどろきのあまり顔色を失った。東販にしろ日販にしろ、「Ｏｈ！　ＰＣ」と「Ｏｈ！　ＭＺ」のあまりの返品率に、たびたび印刷部数を下げたほうがいいと忠告してきたが、孫は、頑強にも耳を貸さなかった。それどころか、今度はいままで五万部発行して一万部も売れない「Ｏｈ！　ＰＣ」を一〇万部刷るというのである。

われにかえった担当者は、ひとつひとつ教え諭すように言った。

「いいですか。言ってはなんですけど、おたくの雑誌はまったく売れていないんですよ。部数を減らすというのならわかりますが、増やすなんて……」

馬鹿だとでも言わんばかりである。

印刷代や紙代も安くはないのだから、日本ソフトバンクの本体も潰れてしまうぞというようなことまで言われた。

孫はそれでも頭を下げた。

「無理を言っているのは承知のうえです。でも、ぼくはこの一回に賭けている。そのためにテレビ宣伝も通常一億円分を六千万円で買い占めました。だまされたと思って、一回だけやってください。駄目だったら廃刊します。最後のお願いです」

その担当者は、うんざりしたように言った。

「一回だけですよ。駄目だったら、ほんとうに廃刊なんですからね」

一〇万部が全国の書店に配送されることになった。

昭和五十八年二月、「Ｏｈ！　ＰＣ」のテレビＣＭが、あらゆるチャンネルでひっきりなしに流された。その週、テレビを見ている人は、かならず何回か見るという状態だった。

大博打はみごとに当たった。なんと一〇万部の雑誌はわずか三日で売り切れてしまったのである。売り部数、広告収入も一気に増え、あれほど日本ソフトバンクの利益を食い潰していたお荷物が、一気に黒字に転化した。まさに一発逆転だった。

その後も、部数と広告収入は変わらず、毎号黒字となった。孫のＣＭ戦法に猛反対した立石勝義は、舌を巻いた。

〈おれたちとは、考えることのスケールが違う〉

販売部数は急激に伸び、橋本五郎が編集長をしているときに一四万部に達した。それまで月に二百万円から三百万円しかなかった広告収入も、一気に二千万円から三千万円に跳ねあがった。

孫は勢いに乗り、たてつづけに「Ｏｈ！　ＦＭ」「Ｏｈ！　55」「Ｏｈ！　ＰＡＳＯＰＩ

A」「Oh！　16」「Oh！　HitBit」と出し、「Oh！　HC」「Oh！　PC」「Oh！　MZ」と合わせて月刊誌四誌、季刊誌四誌で、計八誌にまで増やした。

昭和六十年（一九八五年）には八誌で年間六〇〇万部にまで成長し、コンピュータ分野での雑誌発行で日本一、出版分野だけでも年商二十五億円になった。

孫正義「二乗の法則」

孫は、創業二年目に入る昭和五十七年春から、定期検診を社員全員に義務づけていた。そのはじめての定期検診のとき、孫も社員たちと一緒に受けた。

担当医師は、孫に無情な言葉を投げかけた。

「慢性肝炎ですね。これはかなりひどいですよ。仕事はすべてキャンセルして、すぐに入院してください。治療に専念してください」

「いったい、どのくらいで治るでしょう」

「治るか、どうかは……。慢性肝炎が肝硬変になれば、あとは死を待つだけですね」

慢性肝炎は不治の病と言われ、決定的な治療法は見つかっていなかった。

孫は、取引先にも融資先にも、ましてや社員たちにも、自分が入院していることをひた隠しに隠した。

シャープ専務である佐々木正も、病気の孫のことを心配していた。

「きみが療養中に会社のために必要な人材はないのかい。もしいればできるかぎり探してあげよう」

佐々木は日本警備保障（現・セコム）の副社長である大森康彦を孫に紹介した。

大森は、孫よりも二十七歳も年上である。慶応大学経済学部を出て野村證券に入社。企画部長、国際本部長付部長を経て、一九七五年に日本警備保障に転進。顧問を経て副社長に就任していた。金融関係には明るい。

孫は、大森に頭を下げた。

「ぼくが退院するまで、社長としてお願いします」

病気が癒えたときには、自分がふたたび社長に復帰する。その前提で頼みこんだ。

昭和五十八年の暮れになっても、孫の病状はあいかわらず一進一退を繰り返すだけで、いっこうに回復には向かわなかった。孫は焦れた。そのころ、入院している部屋に父親三憲から電話が入った。

その声は、心なしかはずんでいた。

「正義、もしかすると治るかもしれんぞ！」

「どういうことですか」

「さっき見た週刊誌に載っていたぞ」

三憲の話によると、虎の門病院にいる熊田博光という医者がアメリカの医学界で、これまでになかった肝炎の治療法を発表したと書いてあるという。

熊田は、孫の眼をしっかりと見据えた。

「安心してください。ぼくが見つけ出したステロイド離脱療法は、治療条件が合えば七割から八割が治る。短い期間にホルモン剤であるステロイド剤を患者に投与することで免疫力を抑える。その後、ステロイド剤を投与することをやめると、一気に免疫力がつくんです。その免疫力でe抗原を駆逐する。かならずよくなります。チャレンジしてみましょう」

孫が虎の門病院川崎分院に入院したのは、昭和五十九年（一九八四年）三月十三日。

孫は、暗い思いを振り切るようにひとつの時代小説を手にした。司馬遼太郎原作『竜馬がゆく』だった。中学のときに読んで血沸き肉躍ったあの作品である。

ひと勝負賭けて、いまや命の灯し火がいつ消えるかというときに読む『竜馬がゆく』は、将来は明るいと信じつづけていた思春期の孫が読んだときとはまるで印象が違った。

しかし、主人公・坂本竜馬の痛快さ、すがすがしさは少しも変わらなかった。

竜馬は、私利私欲とかエゴイズムといったものよりも高い次元で新しい時代をつくろうとしていた。もともと人間の上に人間がいるというのはおかしい。人間がいろんなものに縛られるのはおかしいという根本的な問題から物事を発想している。明るくさわやかで、自由に生き抜く竜馬にいっそう惚れこんだ。

孫は、この小説を読むことによって、真っ暗な闇に一筋の光を見出した。

〈そうか、人生というのは長さじゃない！　なにに命を捧げるか、だ。ひょっとしたら、おれは五年よりも長く生きられるかもしれない。六年かもしれない、いや八年、もしかすると十年かもしれない。少なくとも、竜馬のように人の手にかかって、ある日突然死ぬようなことはない。じわりじわりと死んでいくんだ。その間には、自分の理想をほかの後継者に言い残してバトンを手渡すこともできる。限られた人生を思い切り生き抜いてやる。たかが命じゃないか〉

一筋の光は一気にふくれあがり、まわりの闇を吹き飛ばした。

「よしっ！」

病室に置ききれないほどの経営書や歴史書、戦略書といったあらゆるジャンルを並行して乱読しまくり、闘病中に読んだ本の数は、およそ四千冊にもおよんだ。

それまで、突っ走るばかりで、じっくりと自社の財務諸表に目を通す暇さえなかった。

〈神が与えたもうたいい休息なのだ。この際、じっくりと財務諸表も見て、会社全体の経理面をじっくり研究し、二十一世紀の戦いに備えよう〉

孫は、病院のベッドの上で、退院したあとどのような経営方針でのぞむか、経営法則としている「孫の二乗の法則」もつくった。

自分の名と、自分の尊敬している中国の兵法家「孫子」の孫を掛け合わせ、二乗にした法則である。

一流攻守群
道天地将法
智信仁勇厳
頂情略七闘
風林火山海

一流攻守群は、孫の言葉である。

「一」は、まず、何事も一番でなくてはならない。

「流」は、流れに逆らってはならない。

「攻」と「守」のバランスがたいせつだ。

「群」は、単品で勝負してはならない。絶えず全商品および事業部門との関連における群として考えよ、という意味である。

二行目の「道天地将法」と三行目の「智信仁勇厳」は、「孫子」の兵法から引用した。

四行目の「頂情略七闘」も孫の言葉である。

「頂」は、事を起こすにあたって、小さなところ、つまり山麓からではなく、山の頂上から見下すように全体を見なくてはならない。

「情」は、孫が日本ソフトバンクを起こすときに四〇もの選択肢のなかから選んだときのように、あらゆる情報を集め、検討しなければならない。

「略」、すなわち戦略から選ぶべきだ。

「七」、しかも七割以上の勝算がなければ「闘（戦）」いに出るな、という意味である。

五行目の「風林火山」は、武田信玄も旗印に使った「孫子」の有名な言葉だが、この最後の「海」は孫の言葉である。

「海」というのは、戦いに勝っても、勝ちっぱなしでは駄目だ。一度、海のように呑みこみ、平にして治める。そうしないとふたたび荒れ、戦いが起こる……という意味である。

孫は、昭和五十九年（一九八四年）六月九日、ついに虎の門病院川崎分院を退院することができた。

孫は、昭和六十一年（一九八六年）二月二十八日、体力を十分に回復し、社長に返り咲いた。

〈これから新しい乱世を走り抜くぞ〉

孫は、大森康彦に約束通り社長と会長を交代してくれるように頼んだ。が、大森ははじめのうちは抵抗した。しかし、結局は社長を退き会長に就任した。やがて、社を去っていく。

ソフトバンク創業者
孫正義 2

第2章

宝物を掘り当てるための地図とコンパス

「この会社、人に売らないでほしい」

平成五年（一九九三年）秋、孫は、ラスベガスで開かれている世界一の展示会であるコムデックスの見学に出かけた。そこで、展示会の会場でコムデックスが売りに出されるという話を耳にした。しかし、世界に飛び出すためには、世界一の展示会であるコムデックスを手にするのがなによりも早い。

〈とりあえずは名乗り出ておこう〉

約束の時間が迫っていた。コムデックスのミーティングルームまで走った。

マサチューセッツ州に本拠をもつインターフェイス・グループは、ラスベガスの有名なカジノをもつサンズホテルをはじめ、航空機部門、コムデックスなど五つの事業部門をもっていた。シェルドン・G・アデルソン会長とは、昭和六十年（一九八五年）八月に日本ではじめて会い、同じアントレプレナー（起業者）として気が合っていた。

シェルドン・G・アデルソン会長やインターフェイス・グループ社長であったジェイソン・チャドノフスキー（現・ソフトバンクコムデックス会長）はビジネススーツを着こみ、七人のコムデックスの役員たちとともに孫が来るのを待っていた。

シェルドン会長をはじめ、ジェイソン・チャドノフスキー以外の役員は六十歳代の人たちばかりで、そろそろ引退したいと誰もが考え、コムデックスを売りに出す決意を固めていた。

それを正式に発表したわけではなかったものの、どこから聞きつけたのか、リード、ミラーフリーマン、投資会社であるレイアン、ブレンハイムといった会社が買収したいと名乗りをあげてきた。

コムデックスは、あくまでもコンピュータ関連の会社に売りたいと思っていた。名乗りをあげてきた会社は異業種で、そこには売る気にはなれなかった。そんなおり、ソフトバンクの孫正義がコムデックスを買いたいと言ってきた。孫は、コムデックスにとってはお客さんだった。ジェイソン・チャドノフスキーは、孫がコムデックスが開く展示会でいいブースをとろうと列にならんでいるのを眼にしたこともあった。

ところが、ミーティングルームに入ってきた孫の姿を見て誰もがおどろいた。オープンシャツでネクタイもしていない。ズボンもカジュアルだった。ほんとうにコムデックスを買う気があるのか、一瞬疑いたくなるほどのラフなスタイルだった。しかも、広い額からは汗が噴きこぼれている。

孫は席についてハンカチで額を拭った。

シェルドン会長は、そのあとふたたびおどろかされた。

「わたしは、このコムデックスを所有することになります」

孫がいきなり言い出した。

交渉どころか、売る側の条件や買う側の条件も話していない。買収に関しては、まだお互いの頭のなかは白紙だったにもかかわらずである。

シェルドン会長が訊いた。

「十分な資金はあるのか」

孫ははっきりと口にした。

「まだありません」

コムデックスとソフトバンクの資本規模をくらべてみると、明らかにコムデックスのほうが大きかった。そこに孫が乗りこんできて買収するという。しかも金はない。困惑と不安に満ちたなか、シェルドン会長が聞いた。

「あなたは、どうしてコムデックスを?」

「パソコン業界が好きなんです」

その孫のひと言は、役員たちにいい印象を与えた。さまざまな業種から買収の話を受けていたが、彼らはコムデックスをパソコン業界でうまく展開できる企業に渡したかった。孫ならばそれはできるのではないかと思わせた。

孫が質問した。

「コムデックスは、どうしてラスベガス以外に出てどんどんショーをやって大きく展開しようとしないのですか」

シェルドン会長が自信をもって答えた。

「すでに成功していて、十分な利益をあげている。これより大きくなることには関心がない」

展示会を開けば、世界各国のビジネスマンがラスベガスに足を運んできた。わざわざ世界各国にコムデックスのほうから出向く必要はない。そう感じているようであった。

孫はその考え方を否定した。

「ラスベガスは、あなたがたが思っているほど大きくはない。むしろ、世界から見れば小さい。そんなところに世界中の人たちが来られるわけがないではないですか。ぼくが買えば、コムデックスを世界規模で展開していきます」

孫はデータを片手に熱弁をふるった。

「客を待っているのではなく、こちらから攻めて行って、インフラやほかのサービスを提供しなければならない。そういう努力をしないのは企業ではない」

そして、自分の経営スタイルである権限を委譲して仕事の責任を明確にすること、担当者が責任の概念のもとに仕事をやっていくこと、その動機づけのためにはどういうインセンティブ制度が必要かを説いた。

シェルドン会長は、おもしろいことをいうやつだといわんばかりににやりとした。

孫は一気にたたみかけた。

「そのうち金が用意できるから、人に売らないでほしい。ぼくはかならず名乗りをあげるから」

孫は、社内管理に心を砕いていた。日次決算ができるまでにしたのに、それだけでは満足しなかった。

〈孫子の兵法にあるごとく「彼を知り、己を知らば、百戦殆うからず」だ〉

多くの企業が己を十分に知っていない。まず己について、もう少し徹底的に分析すべきだ。孫は、なんと一〇〇〇種類もの指標をグラフ化することにした。

〈ふつうの企業でも五〇や～一〇〇はつくっているかもしれない。しかし、それだけの指標ではほんとうに分析したことにはならない。一〇〇〇個やってみて、はじめてどこに問題がありどこを直すかがわかる〉

粗利に対する広告の割合をはじめ、さまざまなデータをグラフ化したものを過去五年分入れた。それらのグラフをつき合わせて見るだけで、今度の予算はこのへんにしたいといったことが判断できる。孫はこれを「千本ノック」と名づけた。経営幹部は、「千本ノック」で瞬時に経営内容をつかみ、己を知ることができる。

孫は電子稟議も実行した。稟議書は、日本では役職の低い順番に二カ月かけてハンコをもちまわりでやっている。コンセンサスを得るというのはいい。日本的で非常にいいことだ。日本企業は、一度決めるとすごい爆発力を発揮する。しかし、決めるまでに時間がかかりすぎる。

欧米の経営者たちは、うんざりしている。

「あいつらとは時間のペースが合わない」

稟議書こそ、その一番の弊害となっている。

孫は言い出した。

「じゃあ、電子稟議にしよう」

起案者は、順番にハンコをもっていくのではなく、承認を受けなければいけない社長、事業部長、営業部長、財務部長、総務部長と一気に電子メールで稟議書を送る。一瞬にして全員に伝わる。

孫は、いくつかの意思をあらわす種類のハンコをもっている。「絶対にノー」という拒否権をあらわすハンコ。「誰がノーといってもイエスだ」というハンコ。「条件つきイエス」というハンコ。その条件いうのは「説明して納得したらオーケー」とか「金額を半分にしろ、そしたらオーケー」「担当部と長にもっと説明して、その部長が納得したら八割まで認める」というようなものだ。四つ目のハンコとして、「みながよければ、ぼくもオーケー」というハンコがある。

孫は、いちいち細かいところまで立ち入りできない。担当部長をはじめ権限者の同意がすべて揃えば、それに従うという意思をあらわしている。孫が押すハンコのうち九〇％近くはそれである。

稟議書は目を通す人にいっぺんに電子メールで送るため、孫がもっとも早く目を通すこともある。

孫がイエスと言ったら、ほかの人はノーと言いづらいところがある。孫はそこを配慮している。

日本の稟議制度というよさを取り入れながら、なおかつスピードも妥協しない。四十八時間デフォルト制をとっている。稟議書を見るものは、稟議書が送られて四十八時間以内にイエスかノーかを判断し答えなければならない。もし意思をはっきりさせなかった場合には、自動的にイエスとなる。

そして、自動的イエスを三十回もした責任者は稟議の輪から外す。責任者は、海外出張していてもいつもパソコンをもっていてインターネットに接続して稟議に参加する。

孫は、日本の企業が当たり前と思ってつづけていること、さまざまなことに挑戦しつづけている。

〈大きな革命もあるし小さな革命もある。しかし、ことなかれ主義でみんなのコンセンサスをとれたら、おっとり刀でやるとか、みんなの納得を得てはじめてやるというのでは、後手に回ることになる。それは世界の二番にはなれるが、一番にはなれない〉

初めての大型買収

平成六年七月二十二日、ソフトバンクは店頭市場に株式公開。孫は株主公開の前に発言した。

「われわれのビジョンに賭ける人たちのためにも、できるだけ安い価格ではじめたい」

可能なかぎり高値でスタートさせたいと考えるのがふつうである。孫の発言は周囲をおどろかせた。

借入金返済を目的とした公開公募もおこなった。入札九十五万株、募集九十万株。公募価格は一万一千円であった。初値はそれでも一万八千九百円をつけ、二百十四億円を調達した。

孫は、個人名義のソフトバンク株などを合わせて約二千億円もの株式長者となった。

孫は、世界に羽ばたくビッグチャンスをつかみかけていた。平成六年六月、秘書からFAXを受け取った。すかさず眼を通した。

〈これは絶好のチャンスだ！〉

送り主は、ソフトバンク・アメリカ社長のテッド・ドロッタであった。

「『PCWEEK』の出版元であるジフ・デービスが、出版部門と展示会部門を売りに出す。会長であるウィリアム・ジフは病気がちで、息子に継がせたいと思っていた。が、息子のほうは、財産を使ってインベストメント・バンカーをやりたいといって、まったく継ぐ気持ちはないらしい。ウィリアム・ジフは、仕方なく売りに出す」

ジフ・デービスは入札方式で決めるという。

ジフ・デービスことジフ・デービス・コミュニケーションズは、アメリカ・ニューヨーク州にある。出版部門はコンピュータ関連雑誌の発行では世界最大手である。展示会部門は、情報ネットワークの世界最大級の総合イベントであるインターロップを企画・運営し、孫が手に入れようとしているコムデックスの最大のライバルである。年間売上高が約九千万ドル。

〈いまこそ、買いのチャンスだ！〉

平成六年（一九九四年）五月に、はじめに買収したフェニックス・テクノロジーズ出版部門とはその規模が違う。はじめての大型買収である。

〈かならず成功させてみせる〉

いつも以上に力が入った。

入札当日の平成六年十月二十五日の夜明け前、すべての銀行が融資を決定した。残りの調達もめどが立った。孫はまったく疑いもしなかった。

〈これで、ジフ・デービス出版部門はおれの手に入ったようなもんだ〉

ところが、孫は、ジフ・デービスの出版部門の買収に失敗した。が、落ち込んでばかりはいられなかった。

〈ジフ・デービスの出版部門は駄目だったが、インターロップなどをおこなっている展示会部門の入札はどうなっているのだろう〉

まっさらになっていた孫の頭脳が、いきなり音をあげて動きはじめた。

〈待てよ。二週間前にインターフェイス・グループから使者が来ていた。インターフェイス展示会部門コムデックスは、うまく行けば手に入るかもしれない。それに、ジフ・デービスの展示会部門も手に入れておけば〉

ジフ・デービス展示会部門は情報ネットワークの国際的な総合イベントであるインターロップを主力としている。年間売上げ約九千万ドル（九十億円）。展示会には、世界から二千社もの企業が参加し、アメリカでコムデックスとならんで一位、二位をわけあっている。コムデックスとジフ・デービスの展示会部門を手に入れれば、アメリカでの展示会市場の七五％を手中におさめ、圧倒的ナンバーワンになる。

〈ここで敗戦気分をひきずってむざむざ帰るよりも、まずジフ・デービスの展示会部門を手に入れたほうが世界的な展開にもはずみがつく〉

孫は時計の横にある電話に飛びついた。入札締め切りまであと五分しかない。投資銀行であるモルガン・スタンレーのアドバイザーに電話を入れた。

「展示会部門の入札に参加することをジフ・デービスに電話してくれ」

「なに？　おまえはジフにまだ手を出そうというのか」

アドバイザーは入札直前に裏切られたため、ジフ・デービスとかかわり合うのはこりごりといった様子であった。

孫は、有無を言わせなかった。

「時間がない。入札時間を遅らせるように交渉してくれ。出版部門については向こうが約束を破って早めに切り上げたのだから、こっちが展示会部門の入札価格を検討する時間をもらえるように言ってほしい。それくらい聞かないとアンフェアだとしっかり言え。それがすんだら、関係者全員をそっちの事務所に集めてくれ。おれもすぐにそっちに向かう」

「本気か」

「本気だ！」

アドバイザーが、孫が本気だと知って緊張していくのが電話越しに感じとれた。

「わかった。クレイジーなアイデアだが連絡を入れておく」

孫は、放り投げたままになっていたスーツを手にすると、ネクタイもたず顔も洗わずに部屋を飛び出した。事務所には、アドバイザーのほかに数人がすでに顔を出していた。

アドバイザーが言った。

「向こうは承知したと言っていたぞ」

「わかった」

ソフトバンクが一億二千七十万ドル、自分の個人持株会社ＭＡＣが八千百三十万ドルを出資して入札することが決まった。

孫は、そこで茶目っ気を出した。

〈これに七・二万ドル足そう〉

じつは、この〝七二〟という数字は、孫にとって特別な思い入れがあった。その端数を

足して総計二億二百七・二万ドル（二百二億七百二十万円）で入札価格を提示した。みごと

短時間で計算したにもかかわらず、競合相手に二百七・二万ドルの差をつけて、みごと
ジフ・デービス展示会部門を相手とほとんど差のない効率的な価格差で落とした。孫は、理想的な形ではじめて大型買収に成功したのである。

昼に残念会を開いたばかりだったが、その夜は祝勝会が開かれた。アドバイザーが訊いてきた。

「なんで、最後に七・二万ドルなんて端数をつけたんだい」

孫はにこにこしながら説明をはじめた。

「じつは、半年ほど前に、ゴルフでパープレーで回ったんだ。そのスコアが七二だったんだ。だから、七二というナンバーがラッキーナンバーのような気がしてその端数をつけたんだよ」

孫は平成六年十一月二日に発表した。

「ジフ・デービス・コミュニケーションズの展示会部門を買収いたしました」

展示会部門を手中におさめることによって、測りしれない影響力をもつことになった。ソフトバンクは、この買収を機にネットワーク事業の実績をアピールできる。顧客拡大にもつながる。

孫は記者たちに語った。

「大型のM&Aのプロセスも勉強した。今度はもっとスムーズにいく」

孫は、世界に羽ばたく第一歩を大きく踏み出した。

有言実行の源泉

孫は、世界一の展示会であるコムデックスを所有するインターフェイス・グループのシェルドン・G・アデルソン会長に電話を入れた。

「一年前の約束どおり、コムデックスを買収したい。至急会ってほしい」

スケジュールを合わせた。

孫は、アドバイザーに相談した。アドバイザーは眉をひそめた。

「シェルドン会長はなかなかの食わせものだぞ。最初に言っていた金額をずるずると引き上げていく。ほんとうに売るかどうかはわからないぜ。交渉にしたって数カ月は最低でもかかるよ」

「そうか。でも、ぼくはあくまでも買収するよ」

孫は秘策を練っていた。

〈相手は名うての駆け引き上手だ。一発勝負だ〉

孫は幹部たちに言っている。

「説得する相手として一番むずかしいのは、自分自身だ」

提案者の自分がもっとも欠点を知っている。たとえ自分の製品を説明しても、競合相手の製品の長所（価格が安い、性能が少し上回っているなど）がかならずある。あらゆる角度から見て、自分の言っていることがもっとも正しい。これが一番すばらしいと思えたとき、自分が納得し切ったときには、もう怖いものはない。その道を突き進むだけだ。

交渉の日、コムデックスのミーティングルームには、八人ほどの役員が孫を待っていた。値段の折衝をはじめ、買収について必要な話が進められた。

孫は、ころあいを見てシェルドン会長に誘いかけた。

「一対一で話し合おう」

ミーティングルームを出て二人だけで話し合うことにした。孫は、シェルドン会長の眼をしっかりと見据えた。

「ぼくは、この金額については駆け引きはしない」

「わかった」

「一回だけ金額を言ってくれ。その金額が高すぎたら、いっさいの交渉なしですぱっとあきらめる。ある程度のリーズナブルな範囲なら、いっさいの値切り交渉なしで決意する。

ぼくが思う範囲でちょっとでも高かったら交渉はなしだ。いいですね」

孫は、シェルドン会長の眼から視線を離さなかった。

「もしかすると、ぼく以外の人でもっと金額を出せる人はいるかもしれない。しかし、あなたは世界一の展示会をつくった。その力と夢を尊重して、あなたの夢を継承していかなければならない。コムデックスは、あなたにとってもっとも大きい事業でしょ」

シェルドン会長はうなずいた。

「もちろんそうだ」

孫はつづけた。

「自分が生み出した子どもともいえるその事業が貧相になったら、あなたがつらいでしょう。ぼくも創業者としてその気持ちはわかるつもりでいる。あなたの夢を継承させることも含めて、トータルで判断してほしい。あなたも知ってのとおり、ぼくはジフの出版部門がもっとも欲しい。フォーストマン・リトルに取られたけどまだあきらめていない。ここで揉めるなら、むしろ金や余力を残してふたたびチャレンジしたいと思っている。だけど縁があるなら、ジフの展示会も買収したからこっちをさらに強化していきたい。これが正直な現状と正直な本音だ。さあ数字を言ってください。そのかわり、さっきも言いましたが一発回答だ」

シェルドン会長は孫をじっと見据え返してきた。〝この男は駆け引きでなく本気で決意している〟と感じたのか。

孫も相手の目を見据えた。シェルドン会長の眼がかすかにやわらいだ気がした。

「よし、八億ドル（八百億円）だ」

孫が睨んでいたのは七億五千万ドルから八億五千万ドルであった。

孫は、握手を求めてだまって手を差し出した。シェルドン会長はその手を握った。交渉は成立したのである。

シェルドン会長は、ミーティングルームにもどると役員たちに笑顔で話した。

「コムデックスは、孫に売る」

役員たちはびっくりした表情を見せたが、ひとりも異論をとなえる者はいなかった。

北尾吉孝を手に入れる

野村證券事業法人三部長というエリートであった北尾吉孝は、孫にスカウトされ、平成七年五月、ソフトバンクに顧問として入社し、六月に財務担当の常務取締役となった。

北尾は、財務資料すべてに目を通した。

〈これでは、次のM&Aは無理だ〉

ソフトバンクは、コムデックス買収にあたって融資を受けた協調融資団によってがんじがらめにされていた。その契約条項には、ひとつの制限が加えられていた。

「融資残が二百八十億円以上あるうち、つぎに、八十億円以上の買収をするときには、シンジケート参加各行の承認を受けなければならない」

融資団に名をつらねる、日本興業銀行、第一勧業銀行、日本長期信用銀行などが、ひとつでも承認しなければ買収できない。もしも買収を進めようというのならば、融資分を完済してからにせよという。事実上の、買収凍結条項であった。

コンピュータ業界をはじめとするデジタル情報産業は、刻一刻と世界規模で大きく広がっていた。ソフトバンクは、最先端を突っ走るためにもＭ＆Ａや新規事業進出と、拡大策を推し進めなくてはならなかった。

孫自身、わずか数行の制限事項に頭を痛めていた。

狙いを定めている企業も、いくつかあったのだが、身動きがつかないのである。孫は、さすがに困った。

「マイクロソフトやインテルが時速一〇〇キロメートルで走っているのを、ソフトバンクは時速一〇キロで追いかけているようなものだ。完済するまでの七年間、なにもせずにいたら、世界の動きから永久においてきぼりを食らう。それは、ソフトバンクの死をも意味している」

北尾は言い放った。

「絶対に財務制限条項を撤廃してもらわなければいけません。契約してから半年もたたないうちに、契約を撤廃するとなると、銀行さんもきっと怒るでしょうが、そうするしかありません。財務責任条項撤廃にむけて動きます」

北尾は、まず日本興業銀行の担当者と話した。担当課長の反応は、北尾が思っていたとおりだった。

「契約したばかりです。当分、それは無理ですよ」

「契約改訂するには、どうしたらいいですか？」

「返済するしかないですね」

「それじゃあ、社債を発行してお返しします」

「結構ですよ」

担当者は、店頭公開したばかりのソフトバンクが五百億円にもおよぶ社債を発行できるわけがないと決めてかかっていた。そのような例は、過去に一度もなかったからである。

北尾は、その足で、ソフトバンクの社長室へとむかった。北尾は、孫正義社長にいった。

「全額、返済しましょう」

孫は、おどろいた顔で北尾を見た。

「五百億円も、あるんだよ」

北尾は、力強くうなづいた。

「大丈夫です。社債を発行すれば、資本市場から調達できます。返済するだけでなく、ジフ・デービスをはじめとした、社長が狙う企業を買収する資金も調達します」

「調達のほうは、すべて、北尾さんにまかせます」

狭い日本国内の市場だけで戦うのであれば、国内の慣例・習慣にしたがえばいい。だが、世界と戦うために突き進んでいるいま、協調融資団の呪縛は振りほどかねばならなかった。

北尾が財務代理人方式による社債発行を目論んでいることを知った日本興業銀行をはじめとした銀行の担当者は、さすがにあわてた。海外に出張していた孫社長に電話をかけた。それだけでなく、帰国した孫を、成田国際空港の到着ロビーで待ちかまえていた。

「おたくの北尾は、とんでもないことをやりますよ」

孫は、銀行の担当者がなにをいっているのか、さっぱりわからなかった。財務条項の撤廃にむけて動くことは、北尾の口から聞いていたが、そのための具体的方策はまったく聞いていなかったのである。

中央区日本橋浜町のソフトバンク本社にもどると、そのまま、北尾のデスクへとむかった。

「北やん、これはいったいどうなっとるのかなあ？　いろんな銀行から、ひっきりなしに電話がかかってくる」

北尾は、これまでの経緯を話した。

孫はいった。

「わかった。じゃあ、明日は土曜日だが、役員会を開いて、ほかの役員にも説明してくれんか」

北尾は、翌日の土曜日に開かれた臨時役員会で、財務代理人方式を説明した。おそらく、北尾のいっていることを十分に理解できた役員がどれだけいたかわからない。本当に大丈夫かといぶかしむ役員もいたろう。

いずれにしても、北尾の提案を、役員たちは了承した。もしも財務代理人方式による社債の発行を、大蔵省が認めないのならば、大蔵省を相手取って行政訴訟を起こすといったところまで突っこんだ話となった。

孫が、会議を締めくくった。

「われわれは、日本興業銀行さんにも、第一勧業銀行さんにも、恩義がある。興銀なかりせば、勧銀なかりせば、ここまで来れたかどうかわからない。恩義だけは決して忘れてはならない。しかし、いまは誤解を受けて嵐のなかに入ったとしても、革命は進めていくべきだ。スピードをゆるめていくべきではない。これからの長いつきあいのなかで、われわれが判断したことが正しかったことを行動で示していくしかない」

役員会が終わり、帰りかけた北尾に、孫が声をかけた。

「北やん、車で送っていくよ」

北尾は、断ったものの、孫は「いいから乗っていけ」といわんばかり、半ば強引に北尾を車に乗せた。

北尾は、隣に座る孫の顔を見ていった。

「もし、こっちが思うように資金調達できなかったら、ぼくを叩き切って、興銀に侘びを入れてください。『すべて北尾がやったことで、ぼくはアメリカにいたし、知らなかった』そういって、ヨリをもどしてください」

「北やん」

孫は、顔を北尾のほうに向けてきた。ひとなつっこい笑みを浮かべた。

「ソフトバンクは、そんなことで潰れはしない。それに、ぼくは、興銀よりも、北やんを五〇〇%とる」

そういってまた、顔を正面に向けた。

北尾は、六歳年下の経営者の横顔をあらためて見つめた。五百億円などたいしたことないといった涼しい横顔に、いいようのない感情が湧き上がっていた。

〈六年前、つまり、いまの彼と同じ年のときに、おれは、こんなことを、すらりと口にできたろうか〉

日本興業銀行をはじめとした銀行は、大蔵省に再三再四、ソフトバンクの財務代理人方式での社債発行を認めるべきではないとの旨を伝えた。財務代理人方式での発行を推し進めようとする野村證券は、商法で発行が認められていることをなぜストップするのかと大蔵省に詰め寄った。大蔵省は、野村證券と日本興業銀行を呼んだ。

「今回は、黙認する」

このことによって、ソフトバンクは、平成七年九月に五百億円の無担保普通社債（十二年債）を、当時としてはリーズナブルな、三・九％の利率で発行することができた。それ以後、社債発行のほとんどは、財務代理人方式となった。発行コストも下がり、社債の発行市場も急速に拡大した。

すべてをオープンにする

一方、孫の思っていたとおり、メインバンクである日本興業銀行との関係はぎくしゃくしはじめた。

日本興業銀行の担当者から言ってきた。

「コアバンク制をとったらいかがですか」

コアバンク制度は欧米では主流となっている。メインバンク制度のように、融資のシェア割りや社債管理といった業務をすべてひとつの銀行に委託するのではなく、金融取引の核となるいくつかの銀行、コアバンクにひとつひとつの案件を提示する。案件を出した企業は銀行同士の競争により、より有利な条件を引き出すことができる。

ソフトバンクのように、大型貿収のために何百億円もの融資が必要な場合、ひとつの銀行から融資を募ればその銀行にとってはかなりしんどい。が、コアバンク制度を敷いていれば、ひとつひとつの銀行のリスクが下がる。

おのおのの銀行に何分の一かずつ負担してもらえば、それらの銀行の負担も軽くなり融資をしてもらいやすい。

中核となるコアバンクを決めるために、いくつかの項目をひとつひとつ採点して総合点の高い順に銀行の順位を決める評価制度を採り入れた。評価項目は、融資関係、外為関係、資本市場調達貢献度、営業貢献度、金融情報サービス、歴史、当社プロジェクトへの参加度の七つに分けられる。

コアバンク制度におどろいていた各銀行は、採点制度を知ってさらにおどろいた。いまは第一勧業銀行、富士銀行、三和銀行、東洋信託銀行、東京三菱銀行、住友銀行、さくら銀行がコアバンクとなっている。日本興業銀行は下位に下がってしまった。なかでも総合点の高かった第一勧業銀行と富士銀行がコアバンクの中心となった。

なお、証券会社にも、銀行のような点数制度はないが、株式の売買シェア、営業協力、情報提供といった面から序列をつけ、引受シェアなどに差をつけた。

ただし、コアバンク制度はソフトバンクだけで銀行を選べるわけではない。銀行側も案件ごとに融資に値するかどうかを決めることができる。

しかも、これまでのように幹事となった銀行が代表として調べるのではなく、第一勧業銀行、富士銀行はじめコアバンクになった銀行それぞれの審査部が来て審査する。

ソフトバンクはすべての情報を公開して見てもらう。五、六行が、それぞれソフトバンクの状態を調べあげ、その銀行ができる範囲で融資額を言ってくる。ソフトバンクがおもしろいと思ったら、相手銀行はどんどんサービスをしていく。逆に、これは危ない、潰れると思ったら、各銀行はどんどんサービスを引いていく。

そのチェック機能こそソフトバンクにとっては大きい。

いくら孫が民主的に話し合って決めるようなオーナーでも、オーナー社長に変わりはない。役員がものを言えないところもある。社債管理会社もなければなおさらチェック機能は必要となる。もしも融資を頼んで断わられたり、そこまでいかなくとも希望額の八割とか六割になれば、ソフトバンクの経営そのものがおかしいと思われる原因をあぶり出すことができる。

北尾は思っている。

〈直接金融である資本市場、間接金融である銀行のどれにしても一〇〇％依存するのは危険すぎる〉

ソフトバンクは資本市場、コアバンクと調達先をさまざまに分散させている。

基本的には、買収資金や長期の資金調達は不特定多数の人が集める資本市場から調達する。売上げのほぼ一〇％に当たる運転資金の調達や為替のトランスアクションは、銀行にまかせることにした。こうして、コアバンクや資本市場ときわめて合理的な関係を構築している。

ＩＴの未来を見据える

孫は、アメリカで移動中の飛行機のなかから、ジフ・デービス出版部門を買収した投資会社フォーストマン・リトルのテッド・フォーストマン会長に電話を入れた。

った。

「至急会いたい」

テッド・フォーストマン会長は〝また、おまえか〟と言わんばかりの不機嫌な口ぶりだった。

しかし、孫があまりにも執拗なので会うことを承知した。孫はテッド・フォーストマン会長に会うとすぐ切り出した。

「あなたがジフ・デービス出版部門がすばらしいと思っているのはよくわかる。この前の買収はさすがにプロとしてみごとだった。ぼくはジフの出版部門が大型買収としてははじめてだった。あなたの手腕には敬服する」

テッド・フォーストマン会長はソファの肘掛けに肘をつき、孫がなにを言い出すのか特に興味もないといった顔で見つめていた。

孫は、コムデックスのシェルドン会長を口説いたときのように、テッド・フォーストマン会長の眼から少しも眼を離さなかった。

「しかも、あなたは立派に経営するに違いない。しかし、いずれ売るんでしょう、いつまでもずっともっておくというのではなく。投資会社としての宿命だからそれは当然です。ぼくは売り買いでいくら儲けるということではなく、人生のなかでどうしてもこの分野は避けて通れない。しかも、ウィリアム・ジフがつくった偉大なる出版社に共感をおぼえています。しかし、あなたがもっている五年か六年という間に、別の形で手を加えたものには興味がなくなるかもしれない。それよりは、ありのままの姿でできるだけ早い般階で引き継げるなら、時間を買うという意味と、あなたのみごとな手腕に対する敬意も含めて、少々プレミアムをつけて買収価格に上乗せしてもいい」

テッド・フォーストマン会長は、ただ黙って耳をかたむけていた。

孫はつづけた。

「ぼくのジフの出版部門に対する愛情は誰にも負けない。もちろん、あなたにもそれだけは負けないつもりでいる。それはジフの社員にとっても、ジフの出版部門にとっても大事なことではないか。まだ売れないという要因が金銭面のことであれば、条件の話くらいはさせてほしい」

テッド・フォーストマン会長がはじめて口を開いた。

「そんなことを言っても買ったばかりだ。採算をとらなければならない。いま買うと言ったら相当上乗せしてもらわないと売れないよ」

「わかりました。五、六年後に売るときの価格の満額とは言えないまでも、そのうちの何割かをあなたが買収した価格に上乗せして払う。買ってから半年でそれだけを手に入れられるというのは、あなたにとっても悪い話ではないと思いますが」

「わかった。また明日の夜に話をしよう」

テッド・フォーストマン会長は、孫が立ち上がる前にソファから腰を上げた。

孫はたしかな手応えを感じていた。

〈ついに、テッド・フォーストマン会長が動いた！〉

孫は最後の詰めにかかった。

孫は、翌日の夜、ニューヨークのテッド・フォーストマン会長の自宅を訪れた。独身でプレイボーイの評判高いテッド・フォーストマン会長は、アメリカにいくつも住まいをもっている。そのうちのひとつがマンションの最上階にある。摩天楼が一望のもとにあった。

孫は、照明を落としたやや暗い室内で、テッド・フォーストマン会長と向かい合った。

孫は訴えた。

「とにかく金額を言ってください。ぼくは最大限にそれを呑む。ただし現金でもつのは負担が大きい。それに、いくら実績があるといってもまだ利益の出ていない新しい部門は、ソフトバンクとして評価するのはむずかしい。だから、一部はソフトバンク株で、さらにスタートして間もない新規部門でまだ利益が出ていないものは、ぼくの持株会社ＭＡＣで払う。それでよければ金額を言ってほしい」

「わかった」

孫はさらにつけ加えた。

「ただし一発回答だ」

「わかった」

テッド・フォーストマン会長はぎらりと眼を光らせた。

「二十一億ドル（二千百億円）」

孫はにっこりとした。

「オーケーだ」

二人は固い握手を交わした。

テッド・フォーストマン会長が提示した金額は予想外に膨大というわけではなかった。むしろ孫の読みどおりであった。フォーストマン・リトルはあくまでも投資会社である。その投資するときには、投資組合方式でさまざまな投資家たちから資金を集めて投資する。その投資で得た利益はメンバーに還元する。孫は、その時点ですでに投資家たちへの還元率や五、六年後の利益高を計算して算出していた。

アメリカのＭ＆Ａはほぼ利益の八倍から十二倍というのが相場である。二十一億ドルというのは通り相場の基準内であった。

孫は、平成七年十月十九日、ジフ・デービスの出版部門を買収したことを発表した。

ネット革命を起こす

孫は、買収してはじめてのラスベガスで開かれるコムデックスショーにのぞんだ。ショーはラスベガスのコンベンションセンターなど八ヵ所を借り切って、平成七年十一月十三日から五日間の日程で幕を開けた。

初日の午前九時から、アラジンホテルのシアターホールで開幕を告げるキーノート（基調講演）がおこなわれた。

孫にとってコムデックスを買収して初の檜舞台だった。孫は、三千人の聴衆を前に主催者として英語であいさつした。原稿ももたない。

孫は十分間のあいさつを終え、いよいよキーノートを行なうＩＢＭ会長兼ＣＥＯ（経営最高責任者）のルイス・ガースナーの紹介にかかった。超大物を紹介することにより孫のイメージはアップする。孫は声を張りあげた。

「キーノートスピーカーを紹介します。一九九三年四月、彼はＩＢＭ会長兼ＣＥＯに就任したとき、同社を産業界のリーダーに返り咲かせるという大変むずかしい命題を要求されましたが、わずか二年半で現実のものとしました」

ガースナー会長の基調講演がはじまった。

孫は、ガースナー会長が基調講演を終えると演壇でガースナー会長と握手した。

孫は、この講演後、コンピュータ業界の関係者とコムデックスの新しいオーナーとして握手攻めにあった。孫が世界のコンピュータ業界にひとつの地位を築いた歴史的瞬間でもあった。

孫は、コムデックスショーの最中、ジフ・デービス社長であるエリック・ヒッポーに言った。

「これから間違いなくインターネット革命がはじまると思う。ソフトバンクはこの革命の入口のところでこれから伸びるであろう会社百社ほどに資本参加したいと思っている。まずそのうちの一社を絞って選ぶとしたらどの会社だと思うか。ジフ・デービスではインターネットに関する何千にもおよぶ膨大な記事を書いているはずだ。それをぼくがひとつひとつ読んでいる時間はない。そのなかからソフトバンクとして投資するべき会社をひとつ絞りこんでほしい。これがジフ買収の重要な理由のひとつなんだ」

エリックは答えた。

「だとするとヤフーだね」

エリックは、眼を輝かせた。

「これはおもしろい会社だよ。インターネットの検索サービスをする会社だよ。インターネットにはなくてはならないものだ。ジフ・デービスも業務提携しようと思っているが、われわれだけでなく、ソフトバンク本体も力を入れたほうがいい」

インターネットはもともと研究者の間で利用されていた広域のオープン・コンピュータネットワークだったものが、電話線利用で世界中の情報を利用することができるようになり、ネットスケープをはじめとした閲覧用ソフト・ブラウザや接続サービス、検索サービスが普及したことで、いまや世界で四千万人が利用するまでに普及していた。

二十一世紀には三億人が利用するとまで言われている。アメリカでのインターネット関連ビジネスは、平成六年に八億ドル（およそ八百億円）だったのが、平成九年には四十二億ドルにまで広がるとの試算も出ていた。孫も興味があった。

宝物を掘り当てるための地図とコンパス

孫はネクタイも締めずスーツも着ないラフなかっこうで、エリック・ヒッポーや部下の井上雅博を連れて出かけた。もちろん、孫も銀行員や役人に会うというときにはそれに合わせたかっこうをする。しかし、シリコンバレーのコンピュータにたずさわる人たちでスーツ姿でいるという人はまずいない。

ヤフーのあるカリフォルニア州のシリコンバレーに着いたときには夜になっていた。

ヤフーの創業者である台湾出身のジェリー・ヤンと白人のデビッド・ファイロは、コムデックスやジフ・デービスを傘下におさめているソフトバンク社長の孫のことを知っていたらしい。似合わないスーツ姿で孫を出迎えた。

二人とも二十七歳と孫よりも十一歳も年が若い。半年ほど前まではスタンフォードの大学院生であった。二人は、大学時代に電話帳を意識したインターネットのホームページ集を作成した。それが教授の眼にとまり、ビジネスにつながったのである。

ヤフーには、五人か六人の社員がいるだけだった。はじめたばかりでまだ利益すら上がっていない。しかし、オフィスには活気があふれていた。

孫は、ミーティングルームの椅子に腰をおろすとあぐらをかいた。ヤンは、デビッド・ファイロと顔を見合わせるとにこりとした。まったく飾らない学生風な孫に好感をもったらしい。自分たちもネクタイをはずしてミーティングルームの席についた。

孫は、初々しさすら感じる二人に対して矢継ぎ早に質問していった。

「きみたちはインターネットについてどういうふうに思っているのか。いままでのメディアとインターネットはどう違うのか」

「ヤフーはなにがやりたくて、テクノロジーやサービスで競合企業とどう違うか」

「五年後、十年後どうしていきたいのか」

たいていの質問に答えたのはジェリー・ヤンだった。ジェリーはそれほど弁舌がたつわけではない。しかし、彼は訥々と語った。その内容がぴたりぴたりとはまっている。孫は相手の答えを聞くたびに唸った。

「なるほど、そのとおりだね」

孫は確信を持った。

〈これは伸びる〉

孫は、ヤフーのジェリー・ヤンとデビッド・ファイロに言った。

「ぼくも、きみたちに五%出資させてもらうよ」

さらにつづけた。

「それから、日本でジョイントベンチャーをやろう。ぼくのところがたんにぶらさがるのではなく、リーダーシップを発揮して積極的にやる。おまえさんのところはアメリカのことで忙しいだろう。日本どころじゃないだろう。でも、日本を放っておくと手遅れになる。だったらわれわれと手を組んで、われわれが作業の大半をやる。どうだ」

「それはいい」

「ついては、日本法人の資金はこちらで用意する。出資比率は六対四。そちらで出す四割の分もこっちで貸与するから安心してくれ。キャッシュも出さなくていい。開発も移植も、そっちの人間を送りこまなくていい。こっちからアメリカに人間を派遣して、あとは開発や作業はこっちでやる。資金も人間もなにも割かなくていい。割くのは思想と考え方のプロセスだけ。それをこちらに伝達してくれればいい。おれはかならず一年目から黒字を出してみせる。とりあえず本体に五％出資してそこから徐々にジョイントベンチャーをはじめるとして、またあとでディスカッションしよう」

孫は、平成八年（一九九六年）二月はじめ、カリフォルニアのペブルビーチでおこなわれたペブルビーチ・AT&Tナショナル・プロアマというゴルフ大会に参加した。ペブルビーチは、シリコンバレーから車で一時間半くらいしか離れていない。

孫は、試合の真っ最中にジェリー・ヤン、デビッド・ファイロらヤフー関係者を、孫が宿泊しているホテルの部屋に呼んだ。

ヤフーの若い経営者二人に加えて、ヤフー創設のときに二百万ドルを投資したマイク・モリッツと、シリコンバレーで有名な投資家ドン・バレンタイン、ヤフーが専門の経営者として雇ったCEOのティム・クーグル、マーケティングの責任者など全部で六人がやってきた。

孫を入れた七人は、夜中にルームサービスで頼んだピザ、スパゲッティを頬ばりながら床に座って話し合った。

孫は言った。

「ヤフーへの出資率を五％から三五％にまで引き上げてほしい。筆頭株主になって本格的にヤフーを応援したい。日本の事業だけでなく、ヤフーのアメリカでの事業をもっと伸ばしたい。ヤフーをインターネットの大スターにしたいんです」

が、出資者は顔をしかめた。

「そんなことを言うけど、株式公開があと二週間に迫っている。いまさら間に合わない」

「いや、そんなことはないはずだ。例外的な処理方法がある」

孫は、あらかじめ調べさせておいた方法を打ち明けた。

「公開入札価格の値段で公開して株式を市場にある程度出す。そのうち全体の三五％に当たる株式は第三者割当増資というかたちでソフトバンクを指名して、入札価格と同じ値段で売ることができるはずだ。そのかわり、業務提携という形をとらないといけない。業務提携が前提なら、できないことはない」

断わろうとすればさまざまな断わり文句はあった。

説得には四、五時間かかった。

ほとんど誰もが興奮状態に陥っていた。そのなかで、孫は冷静に話しながら、かつ情熱を入れながら、ときにはしんみりしながら話をした。

公開まで一週間と迫っていたが、公開のための印刷をすべてやりなおし、公開入札に踏み切った。

その投資した百億円は、公開して一晩でなんと三倍もの価値にまで跳ね上がった。含み資産が一気に二百億円にもふくれあがったのだった。

孫は、ヤフーに出資が決まったあとに、思った。

〈ジフ・デービスに出資していなければ、ヤフーを見つけ出していたとしても説得ができなかった〉

ジフ・デービスは、孫にとって、宝物を掘りあてるための地図とコンパスだった。

東大生の孫泰蔵は、兄の正義の家に遊びに行くと、正義は訊いた。

「ヤフーを知っとるやろ？　これは伸びるから、おれも日本でジョイントベンチャーをやるんだ」

「じゃあ、大学生がつくったものなら大学生のクリエイティブな柔らかい頭でやったほうがヤフーのノウハウをもちこむだけでなく、日本の風土に合ったクリエイティブなサービスができると思うよ。大学生はいま春休みだから、東大だけじゃなく慶応や一橋といったところのインターネットばりばりの人間がたくさんいるよ。兄ちゃんのような経営的な意見を言うと、ばりばりの人間を安く使える」

正義は眼をらんらんと光らせた。

「それはおもしろいな。百人くらい集められるか」

「百人くらいは集められるよ」

「それなら、キック・オフ・ミーティングがあるから、出席してくれ」

会議室の長い机には、ソフトバンクの取締役とヤフーのCEOら錚々たるメンバーが座っていた。

正義が、泰蔵らが大学生を集めてチームをつくって応援する話を説明した。

泰蔵らの仕事について具体的に話がはじまった。

その後、泰蔵はコストと品質度をバランスよく保つにはどうしたらいいか、ソフトバンク取締役や担当者たちに計画案をしめした。

ソフトバンクの取締役たちは感心した。

「いいねえ、きみたちにまかせよう」

泰蔵たちの計画案をほとんど修正することなく、ぽんとまかせてくれた。

ちょうどそのころ、泰蔵を中心としたメンバーから話がもち上がった。

「それだったら、いっそのこと会社をつくってしまおう」

そこでつくったのがインディゴであった。インディゴとは藍色を意味する。

泰蔵は、四月にはヤフー・ジャパンをオープンしなければならない。本体のヤフーが二年がかりでここまで来たものを、二カ月でつくりあげようというのである。集めた百人をフルに動員してつくり上げるしかない。

泰蔵は、仲間とともに開発用ソフトをつくることにした。自分たちでヤフーをつくりあげる興奮に疲れなどはまったく感じなかった。

そして一カ月かけて日本版ヤフーを立ち上げる態勢をつくり上げた。ヤフーは、はじめの予定どおり四月に開設することができた。

ヤフーは、アメリカの店頭市場であるナスダックの公開後、孫の読みどおりに急成長した。ヤフーを真似て、追ってきたさまざまの検索サービスの会社を大きく引き離して、いまや押しも押されもせぬナンバーワンとなった。

ヤフー・ジャパンも、ヤフー本来の検索サービス事業を伸ばす一方で、メディアとしての色合いを強くし、サービスのメニューを次々に増やした。

トラフィックが四倍から五倍になった。なおかつすべてのインターネットのなかで一番になった。

やがて五十億ページ以上読まれるようになった。日本だけで五億ページにもなる。

買うリスク、買わないリスクの選択

ソフトバンク独自で携帯電話事業を起こす術を模索しているなか、ソフトバンク取締役の笠井和彦は、財務部長である後藤芳光に訊いてみた。

「ボーダフォン・ジャパンを買収したら、どうなのだろうか」

携帯電話事業で国内三位であるボーダフォン・ジャパンは、世界最大の携帯電話会社、英ボーダフォンが約九八％を出資する。二〇〇一年十月に、英ボーダフォンが、Jフォングループを傘下におさめて社名変更した。二〇〇五年三月期の連結売上高は、一兆四千七百億円であった。ボーダフォン・ジャパン買収の可能性については、ときおり、ソフトバンク内でも話題にのぼることがあった。だが、そのころの主流は、あくまでもソフトバンク独自の手による携帯電話事業への進出であった。

ボーダフォン・ジャパン買収は、端のほうに追いやられ、本格的に検討されることはなかった。

試算によれば、買収総額は二兆円。過去、孫がおこなってきたソフトバンクの数々のM&Aよりも、はるかに大規模である。

ソフトバンク取締役である宮内謙によると、ボーダフォン・ジャパン買収は、二兆円という金額だけでなく、かなりリスクを負わなければならなかった。日本での携帯事業第三位のボーダフォン・ジャパンは、番号ポータビリティ制度がはじまれば、必ずＮＴＴドコモやａｕに、ユーザーを奪われてしまうと見られていたからだ。

孫は、笠井からの報告を受けると言った。

「確かに買収すれば、時間的な効率もあがる。ぜひとも、これで行きたいですね」

孫は、さっそく経営陣を集めた。

休日にもかかわらず港区東新橋にあるソフトバンク本社に、主だった経営陣が集まった。

孫は、席に着くと、会議室を見まわした。

ソフトバンクモバイル常務執行役員兼ＣＦＯの藤原和彦以下、管理部門の、ソフトバンク経営陣の間で、孫にどちらかというと否定的な意見を口にするいわゆる、〝コンサバ三兄弟〟と呼ばれる三人、そして、ファーストリテイリング代表取締役会長兼社長の柳井正の顔もあった。

役員会では、勢いこんで一気に突き進む、孫正義、副社長の宮内謙、ソフトバンクモバイル専務の宮川潤一の、積極的な〝ラテン三兄弟〟に対し、柳井は日頃、シビアな意見を突き付けてくるのだった。ありがたいことに、あえて戒める役にまわってくれるのである。

そんな柳井が、これから孫の発表することを聞いたら、どのように応じるだろうか。おそらく、ソフトバンクの本質を射抜く、辛辣な言葉で迫ってくることだろう。

孫は、内心おだやかではないまま、経営陣を前に発表した。

「ボーダフォン・ジャパンを、買収しようと思っています」

日本国内第三位の携帯電話会社の買収発表に、さすがに会議室はどよめいた。買収額も、これまでとひと桁ちがう二兆円である。

さまざまな意見が飛び交った。

議論が熱くなった末に、いよいよ、柳井が発言を求めた。

孫は、さすがに身がまえた。

〈おそらく、柳井社長は、反対するであろう〉

が、ここは、どんなに柳井の発言が説得力にあふれようとも引くことはできない。孫はそう自分に言い聞かせた。

柳井は、その表情をまったく変えないまま、はっきりとした口調で言った。

「これを買えなかったときのリスクを考えるべきだ」

孫は驚いた。ふだんの柳井からは考えられない肯定的な言動だったからである。

柳井はつづけた。

「この買収は、急いだほうがいい。相手が渋ったら、もう一声出してでも、絶対に買うべきだ」

総合的に、経営全体を見ている柳井である。ソフトバンクにとっての根幹事業が何かをはっきりと見据えていた。

英ボーダフォンが、全株売却を受け入れたのは、平成十八年（二〇〇六年）三月三日のことである。

三月十七日、ソフトバンクは、ボーダフォン・ジャパン買収を発表した。買収総額一兆七千五百億円。

さらに、ボーダフォン・ジャパンの負債約二千五百億円を引き継ぐ。実質的な買収総額は二兆円におよんだ。

そのうち半分にあたる一兆円を、ＬＢＯによって調達した。日本で過去最大のＬＢＯを利用した企業買収であった。

ＬＢＯ（レバレッジド・バイアウト）は、買収先の資産、キャッシュフローを担保に資金調達し、返済は買収した企業の資産、キャッシュフローなどで行う。

少ない資金で大きな資本の企業を買収できる手法である。

なお、ボーダフォンは、「ソフトバンクモバイル」に社名を変更した。

笠井らは、なぜボーダフォン・ジャパンの業績が、右肩下がりになっているかを追求した。売上高は、平成十八年（二〇〇六年）三月期決算によると、前期比で売上〇・二％減の一兆四千六百七十六億円。本業の儲けを示す、営業利益は五六・八％減の七千百六十三億円。最終利益が四百九十四億円である。前期比六九・四％と落ち込んだ。新規契約者数から解約者数を差し引いた純増数比は約九割増の一六万九二〇〇と歯止めはかかっていた。しかし、マーケティングの方法、携帯電話のデザイン、さらに、ネットワークの弱さもあった。それよりも決定的だったのは、ブランドイメージであった。ドコモ、ａｕに比べると知名度があまりにも低かった。

さらに言えば、ボーダフォン・ジャパンは、イギリスにある本社が、リモートコントロールする形で経営していた。それほど離れた距離で、まともな経営ができるわけがない。たとえば、携帯電話端末にしても、イギリスでデザインしたものをそのまま日本で販売していた。コストダウンになると単純に考えていたからだ。針の先ほどの色欠けでもクレームを言ってくるほど、日本のユーザーは眼が厳しいということも知らなかった。要するに、イギリスの本体は日本のボーダフォンを、キャッシュを吸い上げるための手段としてしか捉えていなかったのだ。それ以上、業績を上げることができないのも当然であった。

ソフトバンクで、携帯電話事業に関わる経営会議がはじまったのは、平成十八年五月、ボーダフォンの代理店を集めたお披露目、一般のお披露目が終わったあとのことである。孫自身が中心となり、車座となって意見を戦わせた。三カ月の間、集中的に議論した。土曜日も日曜日もなかった。

製品担当者、システム担当者、営業担当者などが、ボーダフォン・ジャパンが、なぜ日本の携帯電話事業で第三位に甘んじてきたかを、それぞれの立場から報告した。

検討課題を、四つに絞りこんだ。

「ネットワーク」「携帯端末」「プロモーション即営業」「コンテンツ」である。

「ネットワーク」は他社と比べてつながりにくい。「携帯端末」も型が古く、他社製品と比べて分厚い。およそスタイリッシュではなかった。「プロモーション&営業」つまり、売り込みもうまくない。ボーダフォンの営業マンはビジネスマンにはなりきれなかった。さらには、ボーダフォン・ジャパンのインターネット接続サービス「ボーダフォンライブ！」で認定したコンテンツは、ドコモ、ａｕと比べて少なかった。総じてどの分野でも、ドコモ、ａｕの後追いをしていて、しかも質的にも劣っていた。これでは万年三位であることを証明しているようなものである。

それでも携帯電話事業では、それなりの営業利益を出せた。その利益は、イギリス本社に送り込まれていた。これでは、国内第三位から上昇できるわけがなかった。

孫が、意気込んだ。

「一年で、一気に改善するぞ！」

ソフトバンクのCMは何故当たったか

平成十八年三月、電通の栗坂達郎は、孫から誘いを受けた。

「ぜひ、ソフトバンクに来てもらえないか。マーケティング、広告コミュニケーションを専門にした責任者が、うちにはいない」

平成十八年十月一日からは、携帯電話のブランド名を、「ボーダフォン」から「ソフトバンク」に変える方針も決まった。店舗も、真っ白に変えることを決めた。

孫は、新たな料金プランを発表した。「Wホワイト」である。「ホワイトプラン」の基本通話料九百八十円にさらに九百八十円を足して千九百六十円払うと、ソフトバンク同士での通話有料時間、ソフトバンク以外の携帯電話との通話料金を三〇秒あたり半額の一〇・五円とした。

このプランによって、契約者数は一気に増えた。平成十九年（二〇〇七年）三月で、「ホワイトプラン」、「Wホワイト」プランの契約者数は、延べ三百万人を突破した。

孫は、新たなプランを編み出すたびに、電通を退社して、クリエイティブエージェンシー「シンガタ」を設立している佐々木宏らに無茶な要求を突きつけてきた。

「このサービスのCMを、週末から流したい」

CMは、だいたい企画から撮影、編集にいたるまで、どんなに急いでも一カ月はかかる。広告業界の常識から言えば、孫は、とんでもない要求をしているのである。

佐々木が提案した。

「じつは、おれ、むかしから、犬マーケティングというのを考えているんだよな。世の中の動物好きで一番多いのは、なんだと思う。犬なんだよ。猫より犬。だいたい、六割は犬好きと言われている。ここを押さえた広告宣伝をすると、自然と支持が集まるはずだ」

オフィスに犬型のベンチを置くほどの犬好きな佐々木の提案であった。

犬が出ているだけで見る視聴者はかなりいる。ある意味、嵐といったジャニーズのアイドルファンと同じで相当の組織票がある。

「犬好きというひとはみなソフトバンク、というのは、ひとつのマーケティングです」

孫も犬好きで、それには同意した。

さまざまな犬たちを撮影して、台詞をアテレコで声優に吹きこんでもらう。かなり制作時間が短縮できた。孫が要求した一週間ではできなかったものの、最短で十日間で制作した。もちろん、テレビ局にもかなり無理を言ってCMをこじ入れた。

平成十九年一月にサービスがはじまった「ホワイトプラン」、平成十九年三月からはじまった「Wホワイト」の、ふたつの料金プランのCMで犬を撮影したシーンを使ってみた。

そこそこの成功をおさめた。CMの好感度ランキングで、ベストテンに入るほどであった。

孫が、佐々木らに、ふたたび新たなサービスプランをはじめることを発表した。

「ホワイト家族24」。ホワイトプラン用の家族割引で、家族のソフトバンク携帯電話への通話が二四時間無料となる。二〇〇七年六月請求分から、家族割引加入者に自動的に適用される。もともと家族割引は他社にもあったが、家族間はすべて無料というサービスプランはなかった。

佐々木らに、時間と予算はなかった。これまでと同じ、犬のシリーズを継承し、犬の家族という設定にすることから検討がはじまった。

孫は、佐々木らに提案した。

「登場人物にキャラクターを設定して、ストーリー性を打ち出した作りにしてほしい。そこに、『なぜだ?』と思えるような、記憶に引っかかる部分、ほのぼのとしたユーモラスな部分と、好感度をグッと上げるような方向性を、ぜひ打ち出して欲しい。そして、あとで振り返って総集編を見ると、非常に面白い連続ドラマであったと思えるようなつくりにして欲しい」

目にするＣＭの多くは、俳優、女優やモデル、あるいは、自動車の美しさ、かっこよさばかりが際立っている。いざ、翌日になって、どこの自動車メーカーの、何という車種だったのかと思い出そうとすると、さっぱり思い出せないこともある。映画やドラマのようなストーリー性や、映っている俳優、モデルの背景を感じられないからだと孫は思っていた。ＣＭは、ただ商品を美しく飾り立てればいいわけではない。自分の愛する商品のよさを、なんとしても訴えたかった。

そこで、一五秒という短い時間に、ドラマ仕立てのストーリーに練り上げていくことを提案した。

〈自分の思ったとおりのＣＭができあがれば、二カ月後、三カ月後に出てくる連続の作品で、記憶に残ったイメージが繋がっていく。性別、世代を問わず、誰からも好感度をもたれるはずだ〉

孫は、そう読んだ。ＣＭ史上初めての試みであった。

そこで考え出したのが、「白戸家（ホワイト家）」であった。

佐々木らは、孫がイメージしたとおりのＣＭプランをつくり上げた。お父さん、お母さん、お兄さん、四人家族「白戸家」のストーリーである。

ソフトバンクの店員である娘役の上戸彩は、「Ｙａｈｏｏ！　ＢＢ」のＣＭでも二代目のイメージキャラクターであった。そのうえ、上戸が所属するオスカーの社長は、栗坂の知り合いでもある。時間的な融通を聞いてもらった。

兄役は、かつてソフトバンクのＣＭ「予想ＧＵＹ」のダンテ・カーヴァーを起用した。まだ有名でないので、時間調整はいくらでもできた。

母親役の樋口可南子は、これまでソフトバンクのＣＭに出演したことはなかったが、孫と佐々木の好みで選んだ。

決まらなかったのは、父親役であった。適任と思われる男優の名前が次々に、挙がった。が、孫の意向に、いまひとつそぐわなかった。気に入った俳優が出たものの、所属事務所とは、スケジュール面で折り合わなかった。しかし、娘役、兄役、母親役まで最も適任と思える三人を選んだのに、父親だけ妥協するのは悔しかった。

驚くべきアイデアが飛び出したのは、もう撮影に入らないと放映に間に合わないという、まさに時間切れぎりぎりのことであった。ＣＭプランナーである澤本嘉光が言った。

「お父さん役は、犬でどうでしょうか？」

以前のＣＭで犬を出演させたことがあったので、犬を出演させることは決まっていた。その犬を、お父さん役に起用するというのである。

「犬をお父さんにして、犬が権力を持っている家みたいにしたらどうか」

佐々木ら五十歳代の年齢層に共通する、威厳のある父親がいた家族の原風景。父親が威厳を持ち怒鳴り散らすが、子どもたちも、母親もどこか白けている。そのコテコテで懐かしい家族の父親像を犬が演じる。しかも、長男が黒人である。

奇想天外な家族が織りなす、日常のストーリーのなかで、宣伝広告を訴えかける。見方によっては、その微妙なダサさが味になる。

孫には、とうてい思いつかない発想であった。孫は、佐々木らの提案に驚いた。

「これは、おもしろい。澤本さんは、見た目はしょぼくれた感じだけど、天才だな」

ただし、孫はそのままでは呑みにくかった。

「しかし、お父さんが犬である必要はないだろう」

佐々木は反論した。

「いや、犬だからこそ、おもしろいんですよ」

澤本も、佐々木に加勢した。ふたりで、孫を説得した。

孫は、ユニークな広告を仕掛けないとＮＴＴドコモに引けを取ることはわかっていた。

「まあ、じゃあ、それでいいよ」

佐々木は、ちょっとしたよろこびと驚きを噛みしめた。

〈これが、通っちゃったよ。孫さん、よく受けたな〉

一家の父親を演じるのは、「カイ」と名づけられた白い北海道犬であった。もともとは熊狩りにも使われる勇猛果敢な犬で、起用の決め手は、やはりその白さであった。

威厳のある「父親」の迫力を表現できた。

カイの声は、俳優の北大路欣也であった。

北大路は、そのころ、木村拓哉主演の『華麗なる一族』に出演していた。木村演じる万俵鉄平の父親役である。その北大路ならば、威厳があるだけでなく、コミカルな父親として適役ではないかと誰もが納得した。

澤本は、一家の中心である犬の父親に、誰にも有無を言わせぬ言葉を吐かせた。軟弱化して家族にはっきりと物を言えない父親たちの願望もあらわしていた。

父親がどうして犬なのか、という謎を常に含みながら、第二作、第三作とシリーズが進むごとにさまざまな謎が解けていく。

「お父さんって、じつは中学校の先生だったのか」

「お母さんって、そこの校長先生だったのか」

「お父さんは、ソルボンヌ大学を出ていたんだ」

孫から見ると、佐々木にしても、澤本にしても、大貫にしても、CMの送り手の側と受け手の側、両方の心理を知り抜いている。そのうえ、犬のお父さんをはじめキャラクターに対する愛情、ＣＭ一本一本に対する情熱が深かった。ユーモアのセンスもある。だからこそ一作一作が、バランスがとれた優れた広告作品となっていた。

「白戸家」シリーズは好評を博した。ＣＭ総合研究所調べによる「ＣＭ好感度」ランキングでは、平成十八年六月から放映された第一弾の「家族の疑問」編は、ＮＴＴドコモの「自己紹介」編に抑えられて二位に甘んじたものの、翌月には、「家族で通話」編で好感度一位にランキングされた。「家族で通話」編の人気は根強く、平成十九年度のＣＭブランディング評価でも一位となった。平成十九年十月十九日から一年間遡って、東京キー局で流された九五九五本のＣＭの頂点をきわめた。

平成二十年にも、ブランディング評価で一位となり、Ｖ2を達成した。

さらに、「ホワイト家族」シリーズは、全日本シーエム放送連盟のテレビ部門グランプリとベスト演技賞に選ばれた。

ソフトバンクモバイルのＣＭは、新作が出るたびに好感度ランキングでトップとなっている。

平成二十一年一月、ソフトバンクの携帯電話契約数の累計は二〇〇〇万件を超えた。

ソフトバンクグループ約九百社を率いる孫正義が、中国に進出する手引きをしたのは、孫がカリフォルニア大学バークレー校の学生時代に設立した「ユニソン・ワールド」でパートナーであったホン・ルーである。平成七年（一九九五年）にユニテック・テレコムへ資本参加し、中国での通信ネットワークビジネスに進出したのである。平成十二年（二〇〇〇年）には、ベンチャーキャピタルの香港現地法人「ソフトバンク・チャイナ・ファンド」を設立した。

そのころ、日本企業も中国に進出はしていたものの、中国への見方は微妙であった。政治的にも安定していない。商慣行も整備されていない。それらの不安感が拭いきれないうえに、当時の日本企業に共通する、「日本は世界第二位の経済大国」との誇りが進出の障害となっていた。

だが、孫は、信じて疑わなかった。

〈世界一の人口を誇る中国を制することこそ世界一の絶対条件となる〉

平成七年（一九九五年）にＹａｈｏｏ！　の設立によって本格的に開花したインターネット時代は、当初、その中心はアメリカであった。孫も、その軸足をアメリカに置いていた。

しかし、アジアに目を移せば、人口は世界の三分の二にあたる。そこでインターネットが広がれば、どうなるか。ことに、鄧小平による改革開放以後、目を見張る経済成長をとげる中国で拡大戦略がとれれば、インターネット環境は様変わりする。インターネット人口比率で五〇%を誇るアメリカは縮小し、中国が俄然、頭角をあらわす。それにともなって、マーケット動向も変わる。孫は、そのことを見据えて、中国で布石を打ちはじめた。

アリババ、ジャック・マーの首席顧問になる

平成十二年（二〇〇〇年）冬に、孫は、アリババ・ドット・コムＣＥＯのジャック・マーと北京ではじめて顔を合わせた。それ以来、ジャック・マーには目を惹くものがあった。学生時代に、中道派学生運動のリーダーとして、日本の自衛隊とほぼ同数の、二十万人という部下を率いた経験があるだけあって、黙っていても、細い体から、その魅力があふれ出ていた。

ジャック・マーは、昭和三十九年（一九六四年）九月十日、杭州で生まれた。杭州師範学院（現・杭州師範大学）を卒業後、一九八八年から七年間、杭州電子工学院英語学科および国際貿易学科講師を務めた。インターネットビジネスに転身したのは平成七年（一九九五年）で、中国初のインターネット上のビジネス情報掲載サイト「中国イエローページ（中国黄頁）」を創設した。

その後、中国対外経済部貿易部国際電子ビジネスセンターに所属し、対外経済貿易部の公式サイト、中国ネット交易市場を開発した。

平成十一年（一九九九年）三月、資本金五十万を元手に、杭州でアリババを設立し、アリババ・ドット・コムの運営をはじめた。

ネット上に大規模なビジネス交流サイト建設を目指す杭州日中貿易の企業間取引ポータルサイトは、シリコンバレー、インターネット投資家から、インターネットの四つ目のビジネスモデルとして注目された。

おかげで、ゴールドマン・サックスなどの投資家が五百万ドルの投資金を導入。サイトの収入は一銭もなかったが、アリババブランドへの投資金は一日で百万元に達するという奇跡を成し遂げていた。

自分のビジネスについて語るジャック・マーの話に耳をかたむけていた孫は、ほぼ五分ほどのところで制した。

「きみの話は、もういい」

ジャック・マーの力強く響く声が、一瞬にしてかき消えた。それとともに、らんらんと光る目が、見開かれた。

孫の言葉をどう受け止めるべきか、揺れていた。

孫は、あえてゆっくりと語った。

「きみの話はいいから、資本を入れさせてくれ。それも、三五％」

ジャック・マーの表情が、再び変わった。よろこびが広がった。

孫は、志が大きく、狙っているものも大きいジャック・マーに投資することを即断即決した。平成十二年（二〇〇〇年）一月、二千万米ドル、日本円にして二十億円を出資した。ジャック・マーが必要としていた資金の九〇％にあたる額である。孫は、アリババ・ドット・コムの主席顧問となった。

中国を席巻する

アリババ・ドット・コムへの出資から三年近く経ち、ジャック・マーが、当時中央区日本橋箱崎町にあったソフトバンク本社を訪れた。

孫は、ジャック・マーに、かねてから思っていたことを口にした。

「きみのところは、ＢｔｏＢ（ビジネス間取引）で成功しているけど、それだけで満足しているのか。ＢｔｏＣ（企業消費者間取引）とか、ＣｔｏＣ（消費者間取引）をやらないと、本当に大きな成功はできないのではないの？」

ジャック・マーは、うなずいた。

「たしかに、孫さんの言うとおりです」

「そうだろう。それなら、何でやらないんだ」

「いまはＢｔｏＢだけで手一杯ですし、資金もありません。いずれやろうと思いますが、そのタイミングは今ではありません」

孫は、身を乗り出した。

「そうではないだろう。やるなら、今だ。必要な資金は、一〇〇％うちが出す。ＣｔｏＣに対して、経験もノウハウもないというのなら、その面でも協力しよう」

孫が提示したのは、資金からノウハウ、人材、戦略に至るまですべて面倒を見る。その上で、成功すれば、利益は五〇％ずつ分け合い、もしも失敗したならばソフトバンクですべてリスクを負う、という破格のジョイント・ベンチャーの提案であった。

孫は、念を押した。

「これで、『やる』と言わなければ、男じゃないぞ。いますぐ返事をしてくれ」

それからしばらく経って、孫は、何とも言えぬ気持ち悪さを抱えて、社長室のパソコンを前にしていた。さきほど社長室から出ていったジャック・マーのことがこびりついて離れないのであった。

孫は、おもむろに携帯電話をとった。数コールのうちに、ジャック・マーが出た。

孫は、いきなり言った。

「ちょっと、戻って来い」

「えっ、どういうことですか」

ジャック・マーは、孫との話し合いを済ませ、成田国際空港にむかっている途中であった。その日のうちに、中国に帰国する予定にしていたのである。引き返せば、帰りは翌日に延期となる。

孫も、そんなことはわかっていた。だが、ジャック・マーが納得しないまま帰すわけにはいかなかった。

孫は、戻って来たジャック・マーに言った。

「きみは、さっき、生返事だった。本気でイエスと言っていなかった」

「……」

言葉のないジャック・マーに、孫はたたみかけた。

「今、決めるのであれば、おれは、一〇〇%出資する。嫌ならば、ＢｔｏＣ、ＣｔｏＣ事業を手掛けたいという別の者に渡すことにする。あとになって、『やりたい』と名乗り出ても手遅れになる。それでも、いいんだね」

さすがのジャック・マーも、孫の気迫に押された。調印までには至らなかったものの、覚え書きを交わした。

ジャック・マーは、平成十五年（二〇〇三年）に入ると、タオバオ（淘宝）を設立した。ショッピング、オークションサイトサービス「タオバオ・ドット・コム（淘宝網）」は、この年五月からはじまった。

平成二十一年（二〇〇九年）段階で、タオバオの登録者数は、九千八百万人。二億九千八百万人と言われる中国のネット利用者数の三分の一にあたる。小売り売上は九百九十九億六千万元（約一兆三千二百億円）。中国の小売売上高の〇・九％に相当する。

オークションを無料提供しているにもかかわらず、広告収入だけで黒字化を実現できた。オークションを有料化すれば、その収入は膨大なものとなるだろう。世界最大のオークションサイト「ＥＢＡＹ」並みに八％の手数料を取れば、手数料収入だけでおよそ八千億円もの利益となる。

タオバオのオークションでの取引金額は、いずれ三兆円にまで伸び、五年以内には十兆円規模になる。

それにともなって、七千四百万人が利用する、オークションなどの電子決済サイト「ＡＬＩＰＡＹ」も、必ずや利益を上げる。

孫は、タオバオこそ、これまで投資した事業で最大のリターンをもたらすと見ている。

ソフトバンクは、平成二十年（二〇〇八年）四月には、大学生限定のコミュニティサイト「シャオネイ（校内網）」を運営する「オーク・パシフィック・インタラクティブ」にも出資した。

孫は、シャオネイをひょんなことで知り、その経営者とソフトバンク本社で会った。その日に投資を即決した。当初、シャオネイ側は、孫の出資比率を五％と言っていたのを口説き落とし、四百億円を出資した。全体の株式の四〇％にあたる。

インターネット上で、仲間同士をつくる場を提供し、情報交換を行うシャオネイは、設立からわずか二年にして、中国でのページビューが中国で二位となった。

中国で使われているインターネットサービスのなかで、二番目に多く見られるようになったのである。

登録者たちが、シャオネイサイトに保存している写真の数は六億枚にもおよぶ。

登録者数二千五百万人は、中国の大学生の九〇％にあたる。つまり、中国でもっとも知的水準の高い人間の集合体である。

驚くのは、登録者の七割が本名で登録している。あくまでもハンドルネームで登録している「ミクシイ」日本のコミュニティサイトとは違い、問題が起きにくい。安心して使える、友好的なコミュニティとなっている。

平成二十年（二〇〇八年）からは、はじめて卒業生が出ることを機に、大学卒業生の登録続行を決めた。

学生限定サイトから枠が広がり、五年後には、六億人にまで登録数が増加する巨大なビジネスチャンスが広がっている。

「超知性」の進化をめざす

孫正義は、その後も、積極的にビジネスを展開している。

平成二十八年（二〇一六年）七月十八日、ソフトバンクグループは、イギリスの半導体設計大手アームホールディングスを約二四〇億ポンド（約三・三兆円）で買収すると発表した。

アームは、あらゆるモノをインターネットにつなぐ「ＩｏＴ」の分野に強みがある。

「ＩｏＴ」とは、Ｉｎｔｅｒｎｅｔ　ｏｆ　Ｔｈｉｎｇｓの略で、工場の生産機械や自動車、家電などあらゆるモノがインターネットを通じてつながり、様々なデータをやりとりする仕組みだ。生活や企業活動を便利で効率的にしようとするもので、世界的に市場が急成長すると見込まれている。

たとえば日常生活では、テレビをインターネットに接続したり、職場からスマートフォンで録画予約できたりする。

エアコンをスマートフォンで遠隔操作することにより、帰宅時間に合わせて室内を最適な温度に保つことができる。

自動車とスマートフォンを接続することにより、カーナビを利用しなくても道順を知ることができる。ＩｏＴは、ＡＩとはほど遠い印象がある農業にも利用できる。例えばハウス栽培における水やりや、肥料の自動システム。ただ水や肥料を与えるのではなく、農地に取り付けたセンサーで読み取った日射量や土壌の状況をもとに、水や肥料の量を与えるタイミングを計る。

さらに医療にも交通にも利用できる。

ソフトバンクは、中核となる事業の領域をこれまでの携帯電話からＩｏＴに広げることによって、グループのさらなる成長を目指している。

今回の買収は、日本企業による海外企業の買収案件としては過去最大。平成二十八年の世界の買収ランキングでも、ドイツの医療大手バイエルがアメリカのバイオ企業に対しておこなった買収提案などに続く三位の規模となる。

アームは半導体を設計し、そのライセンスを世界の半導体メーカーに供与して収益を上げている。アームの半導体は消費電力の低さが強みとされ、スマートフォン向け半導体では世界の九割以上でアームの技術が使われているという。

孫は、今後、自動車や家電などあらゆるモノがネットにつながることが当たり前になると判断し、「アームの潜在的な市場価値はますます大きくなる」と買収に向けて動いた。

ソフトバンクは、アームの株主や公的機関の承認を得たうえで、九月末までにアームの全株式を買い取り、完全子会社とする予定で、九月五日に買収を完了した。

孫は語った。

「当分はアームに集中し、大きな買収は当分お預けだ。長期的な礎を作らなければならない。アームが関わっている年約一五〇億個の半導体は、人工知能での解析に必要なビッグデータを集めるプラットホーム（基盤）になり得る。そんな世界一のプラットホームを日本の会社がもつことはこれまでなかったことだ。お金に換えられないチャンスを得たと思っている。二十年とか三十年という時間軸で、人間が生み出した人工知能による『超知性』が、人間の知的能力をはるかに超えていく。一度超えると、もう二度と人類が逆転できないほどの差が開いていくと思うんですね。超知性が人間の英知を超えていくということに、多くの人は恐れを抱くと思うんですけれども、僕はそれは人間の幸せと『ハーモナイズ』できると、そう思っているんですよ。例えば、自然界の大災害。これを人間の手で止めることはできないけれども、いつどこで、どの規模で災害が発生するかを的確に予知することは、超知性によってできるようになる。災害による被害を最小限にとどめることができるようになる。あるいは、今まで人類が不治の病としていた、人間の知恵では解決できなかった病気が解決できるようになる。超知性は、人類の不幸な部分を減らすことができるわけです。僕はそういう社会が来ることを望んでいるし、それは誰かが止めることができるものでもなくて、自然とそうなっていく。その時、必ず悪い意図を持って技術の進化を迎え入れようとする人も出てきてしまう。けれども我々は、社会を幸せなものにしようとする人を一人でも多く増やすために、良き心を持った側として貢献していきたいと思っているんですね。ただし、貢献したいという気持ちだけではだめで『手だて』を持ってなきゃいけない。その手だてとして最強となるのが、まさにアームなんです。超知性は『ディープラーニング（深層学習）』によって進化していく。シンプルに言うと、見たもの、聞いたもの、触ったもの、あらゆるデータを全部学習しなさいということです。そのデータはどこから来るか。それは、アームのＣＰＵなんです。アームは、昨年一年間の実績でインテルの約四十倍のＣＰＵを世の中に出しています。これからＩｏＴの時代に入り、その数はますます増えていく。二十年という単位で見れば、アームのチップは一兆個、地球上にばらまかれる。二十年後には全世界のＣＰＵの圧倒的大半になっているだろうと。つまり、地球上の森羅万象をより広く早く的確に把握できるようになる。そこからやってくる様々なデータ、これが、超知性の進化、人類の幸せへのカギになると僕は思っているんです」

令和に入り、孫の未来を見据えたチャレンジの意欲は益々強まっている……。

第3章

リクルート創業者 江副浩正

ＩＴ起業家が次々と育っていった「江副学校」

「江副学校」

わたしは、田中角栄なりその人物の評伝を描こうとする時、その人物に惚れ込んでスタートする。例えば、国際興業の小佐野賢治など悪評すら伴う時ですら、そのどこかに魅力を感じてペンをとる。

ところが、江副浩正の場合は、それらの動きとは異なっていた。

江副のいくつかの写真を見る度に感じていた。

〈これだけの成功を得、財も得たはずなのに、どうしてこれほどつまらない寂しそうな表情をしているのであろうか……〉

そのナゾを解いてみたい、という奇妙な動機からであった。

なにも「リクルート事件の主役」という事件ドキュメントとして描こうと思っていたのではない。というのも、わたしが江副伝を週刊誌にスタートした時には、リクルート事件のリの字も起こっていなかったのである。

わたしは十二回くらいの連載のつもりで書き始めた四回目、昭和六十三年六月十八日の朝日新聞のスクープ記事『リクルート―川崎市助役〈一億円　利益供与疑惑〉』が表に出たのである。

そこで、なんと二年間にもおよぶ長期連載におよぶことになったのである。

わたしは、教師をしていた江副の父親が、女性にだらしなく母親を次々と変えるため、江副は新しく変わる継母にどう甘え、接するか戸惑う。そのせいで、人と上手に接することが苦手になった。

ついにはサラリーマンになり上司に上手を言うことが苦手と考え、決めたという。

〈務めることなく、どんなに小さくてもいい、自ら起業して最初から社長としてスタートしよう〉

江副が東大新聞の広告取りからスタートして、ついに「リクルート王国」を築いていく過程は書いていて楽しかった。

が、挑みつづける江副には、いつも人を信じきれない寂しい陰が消えることはなかった。

江副と昭和三十九年四月に結婚した妻の碧さんは、接していておっとりとした風呂敷のように人を包み込むような性格であったが、その彼女はわたしにしみじみと語った。

「彼と結婚したばかりのころは、爽やかな青年で、どこかしらおどおどした初心な少年のようなかわいらしさがあった。それが、自分の思いがどんどん叶い、巨大な政治家も付き合うようになって、傲慢な人に変わった。人間として大切な部分がどんどん失われてしまった」

さらに、会社の規模が大きくなっていく様子を見ながら思っていたという。

「もう、江副は、止まれないレールの上に乗っかったんだな。止まろうと思ったら、どこかの壁にぶち当たるしかない……」

江副は政治家に深入りし、ついに政治に殺され、逮捕されてしまう。

その江副を書いた作品が単行本となり、ついに文庫本となった時、わたしはある朝、新聞を開いて驚いた。なんと、文芸欄ではなく、社会面にわたしの名が出ているではないか。わたしの文庫本に対し、名誉毀損として七千万円も支払えとあるではないか。

わたしはそれまで数回名誉毀損で訴えられたが、これほどの金額を提示されたことはない。いや、おそらく七千万円というのは、著作者への名誉毀損の金額として日本一ではないかと思った。

その裁判で、わたしは初めて江副に会うことができた。実は、わたしは江副の連載を執筆しながら、なんとしても江副本人に会いたかったのだ。

皮肉にも、名誉毀損の裁判で会うことが出来たのだ。それも、裁判の終盤に、和解に向けた円卓裁判で会ったのだ。

円卓裁判というだけあり、丸いテーブルを囲み、江副とわたしとお互いの弁護士が話し合ったのだ。

わたしは、江副を描きつづけたせいで、それまで何度も会ってきたかのような親しみを感じ、つい江副に話しかけた。

「江副さん、江副さんはわたしを名誉毀損で訴えましたが、わたしの本を読み、江副さんが好きになった。魅力を感じ、ファンになったという人が多いんですよ」

そのとたん、それまでおだやかな表情であった江副の形相が、変わった。

「な、なにを言うか！　あなたは、まるでわが家の台所まで入り込んで、わが家の家族の様子を見てきたかのように好き放題に書いているではないか！」

さらに、何度も内容証明を出したのに梨の礫《つぶて》であったと怒り続けた。それは誤解であったが、それ以上向かい合うことが出来ず、わたしと江副は引き離されてしまった。

結局、和解に至った。それも、一円も払うことなく終わった。江副は藤波孝生の裁判前ゆえに、その裁判を有利に運ぼうとして、あえてわたしの本を名誉毀損で訴えたのだ。しかし、肝心の藤波裁判は終わった。訴える意味は消え、和解となったのだ。

わたしは、その後、リクルートの流れを汲む経営者に何人も会った。その度に、江副が結果的に「江副学校」の校長として大きな功績を挙げたことを教えられた。江副の出現によって、起業してみよう、という若者に勇気が支えられた。

その後、孫正義の成功によって、さらに起業に動く若者が増えた。歴史的に見て、江副と孫は、起業にもっとも多くの影響を与えた二大人物といえる。

リクルート王国、夜明け前

江副浩正は、昭和十一年（一九三六年）六月十二日、大阪市天王寺区上本町八丁目に生まれた。神戸の私立甲南高校を経て、昭和三十年（一九五五年）四月、東大文科Ⅱ類に入学した。

昭和三十二年（一九五七年）の正月も明け、期末試験も終わり、教育学部へ進学することが決まった直後の一月末、江副の眼に、学内掲示板の貼り紙が眼に留まった。

『「東京大学学生新聞」、アルバイト募集。編集部員、三千円。営業部員、歩合』

江副は、さっそく東京大学新聞社に面接に出かけた。東京大学新聞社は、文京区本郷にある東大本郷キャンパス内の東大病院の奥の学生会館内にあった。

江副は申し出た。

「ぼく、営業をやりたいんですけど……」

みんなはおどろいた。

「なんで、わざわざ営業を……」

当時東大新聞に応募してくる学生の九割方は、編集希望であった。江副のように、いきなり営業を希望する者はいなかった。

江副は、自分にとってもっとも肝心なことを訊いた。

「広告をひとつ取ってくると、何割のマージンがもらえますか」

「二割五分が、きみのものになる」

江副は、心のなかでほくそ笑んだ。

〈六千円の広告を取ると、千五百円になるのか。六千円の広告を十ばかり取ると、一万五千円になる。大学出の初任給を超えることは、簡単や……悪くはない〉

江副にとって、忙しいばかりで三千円にしかならぬ編集など、まったく魅力がなかった。人生、体裁より実を取るほうが勝ちだと思っていた。

江副はいった。

「では、明日から広告を取ってきます」

この決断が、江副をリクルート王国を率いるまでに成長させていく……。

江副は、翌日から精力的に広告取りに走りまわった。

東大新聞の一面広告には、「有斐閣」、「中央公論」や「丸善」、「青木書店」、「みすず書房」などの書籍広告がずらりとならんでいた。二面は、「岩波書店」の書籍広告が占めた。三面には、「大月書店」などの左翼関係の本の広告が載った。これらの書籍の広告は、東京広報社という広告代理店が一手に引き受けていた。

江副は、四面の、〝雑品〟の広告を担当した。〝雑品〟は、書籍以外の広告で、万年筆、薬品、予備校、特に「代々木予備校」、「駿台予備校」、「研数学館」、「武蔵予備校」などの広告である。

江副は、銀行の広告まで取り、載せた。

昭和三十五年（一九六〇年）の安保改定に向けて、反対運動が、学生、労働者の間に燎《りょう》原《げん》の火のごとく広がり、盛りあがっていた。が、江副は、学生運動にまったく興味を示さなかった。

〈革命とか、戦後民主主義教育とか、調子のええ建て前にすぎん。そんな建て前のために、動けるか〉

江副の脳裏には、はっきりと父親の姿があった。父親は、表面では、厳格な教育者として立派なことを説きつづけた。が、裏では、つぎつぎに女に手をつけては、捨てていった。江副は、おかげで、三人の母親を持つことになってしまった。江副は、人間の建て前と本音の落差を、いやというほど見せつけられていた。

〈おれには、建て前のために殉じることなど、阿呆くそうて、できへん〉

昭和三十年ごろは、不景気のどん底で、企業の求人も少なかった。東大生とて、医、理、法、工、経以外の学部の学生は、就職難であった。江副は、こまめに企業の総務部の窓口をまわっているうちに、感触を得た。

〈ひょっとしたら、日本も、これから何年か先には、企業のほうから頭を下げてぜひうちの社に入ってください、と頼みにくる時代がくる……〉

その兆しは、就職説明会という形ですでにあらわれてきていた。東大でも、その説明会に教室を開放したりするようになった。

〈求人募集を企業が定期的にやるのなら、もっとスピーディに企業のコンセプトが学生に伝わる方法はないやろうか〉

江副は、一般紙を下から読んでいくうちに、企業の求人広告が、意外な紙面を占めていることに気づいた。

〈この求人広告を、そのまま東大新聞に載せれば、採用する側の企業も、企業に応募する学生も、両方が助かるではないか〉

学生が、すべての新聞や求人広告を見る面倒を考えると、その学生の代わりに、東大新聞が企業の求人広告をまとめて載せていけば、学生は東大新聞だけを見れば、ほとんどの企業の採用情報を一度に見ることができる。この発想は、江副ののちの人生にとって大きな意味をもつ。

学生が企業の採用情報をキャッチする機会を広げるために、たんに東大新聞に求人広告を載せるだけではなく、東大構内でおこなわれる会社説明会への勧誘を学生に呼びかける勧誘広告という形においても展開した。

これは、学生側にとってよりも、むしろ企業側の求人意欲を刺激し、広告の必要性を再認識させた。新しい企業は、その必要性に応じて、江副たちの東大新聞に出稿を増やすようになった。

その年、東大新聞は、二百社あまりの企業の出稿を獲得し、二百万円の売り上げを上げた。

昭和三十五年（一九六〇年）の年明け、森村稔は、江副と鶴岡公を連れ、港区芝南佐久間町の第二森ビルに森稔を訪ねた。

鶴岡は、東京の北野高校・夜間部に通いながら、江副が入る数年前から、「東大学生新聞」に従業員として正式に採用されていた。江副と同じ昭和十一年生まれであった。

森村は、前年四月に、東大文学部美学美術史学科を卒業後、広告代理店博報堂に入社し、コピーライターをしていた。

森は、昭和三十四年三月に東大教育学部を卒業したが、この後は、父親と一緒に本格的貸しビル業を次々にはじめ、第一、第二、第三……と森ビルを次々に増やしていた。

この第二森ビルは、森が学生時代に建てたビルである。

森は、最初は、江副のことをうさんくさく思っていた。が、話を聞くうちに、江副の話に引きこまれていった。

「じつは、あまり資金がないんです。そこでお願いなんですが、ビルのどこでもいいですからとにかく安いところを貸してもらえないでしょうか」

「うーん、屋上にペントハウスがあるが、あそこでもよければ」

「お願いします。全部じゃなくて、半分だけでもいいんです。本当に助かります」

「では、敷金はいらない。家賃は、七千円でいい」

「ありがとうございます」

江副は、何度も頭を下げた。

昭和三十五年三月の卒業時、江副は東大新聞の広告セールスのコミッションで、年に五十万円強の収入があった。サラリーマンになれば時間と規則に縛られる。収入も三分の一以下に減る。また、この間にできた取引先との人間関係も捨てがたい。そう思って就職しない道を選んだ。

江副は、財団法人東京大学新聞社理事の天野勝文に話をした。

「卒業はしますが、これまで通り仕事をさせてくれませんか」

「そうしてもらえば、こちらもありがたいよ」

こうして江副の社会人生活は自営の大学新聞広告代理業でスタートした。

事務所には、『大学新聞広告社』と『日本PRセンター』の二つの看板を掲げた。

ITのさきがけとなった学生向け就職情報誌

江副は、早稲田、慶應、京大などの大学新聞の広告も扱うことにした。

昭和三十六年（一九六一年）になると、大学広告の需要はますます高くなった。江副は、得意満面であった。

「パイオニアの王道を、着実に進んでいるのや」

昭和三十六年の夏、アメリカにフルブライト奨学生として留学中で、江副が社の株主として名義を貸してもらっている教育心理学科の先輩の芝祐順から思いがけない贈り物が事務所に届いた。

江副は、事務所の机の上で荷物を開くや、思わず声をあげた。

「これは……」

江副の頭のなかで浮かびつつあった構想が、現実に一冊の本として結実していたのである。『Ｃａｒｅｅｒ』と題された、Ｂ５判二〇〇ページ、一センチあまりの厚さの本であった。

開くと扉にはケネディ大統領の学生へのメッセージがあり、履歴書の書き方、面接試験の受け方などの記事があり、その後に企業の求人広告が一社二ページにパターン化されて二百社ほど掲載されていた。それを見た瞬間、江副は「これだ！」と思った。

その本にはＧＥ、ＩＢＭ、エッソなどのアメリカの大企業が、求人広告を出していた。

『アメリカの大学では、就職部でこんな本が配られています』

という芝の手紙も添えられてあった。

「これは、何かに活かせる！」

江副は、めずらしく興奮した。

江副は、さっそく最初の社員である鶴岡ら社員を集め、『Ｃａｒｅｅｒ』の説明をし、興奮気味にいった。

「『Ｃａｒｅｅｒ』をそのまま下敷きにしてしまうことや。わざわざ、アメリカで、芝さんがぼくらのパイロット版をつくってくれたようなもんや。あとは、どうやって日本の企業や学生向けにできるように工夫していくかや」

江副は、新しく出す本の最終的な詰めに入った。

江副は、『Ｃａｒｅｅｒ』誌と比較しながら、いくつかのアイデアを挙げていった。

「『Ｃａｒｅｅｒ』誌は、〝記事のなかに多くの広告〟だが、われわれのは〝広告だけ〟にしよう」

江副はいった。

「『Ｃａｒｅｅｒ』誌は、一種類のものであったが、われわれは、理工系、法経系、国立系、科学系、というように対象別に多分冊、多種類のものにしよう」

銀行や保険会社などからは、かならず「工学部に配るのは、無駄だ。理工科系と文科系に分けてくれ」という苦情が出るはずだという予測のもとに考えたことだった。

「われわれの本の広告は、表現の形式を規格化し、いわば就職のための会社年鑑、あるいは、入社案内のダイジェスト版の性格を持たせよう。年に一回の発行で、無料で学校や学生個人に配ろう」

江副は、「広告だけの本」の媒体を商品化させるにあたり、顧客のニーズを盛りこむことも忘れなかった。

企画を進めるにつれて、江副は確信を深めていた。

〈この仕事は、必ず成功する〉

大学新聞より誌面が広いので、詳しい情報を学生に直接届けられる。広告料金も安い。

だから企業は必ず参画してくれるはず。

広告料金は一社三十万円と決めた。百社で三千万円だから、その二割を申込み時に前受金としてもらえば六百万円になる。それだけあれば、その間の家賃、人件費ほかの経費を差し引いても、大日本印刷への前渡金は払える。

江副は、さらに自分の作った原案を持ち、大学新聞の広告主と未取引の有力会社合計二百社くらいの会社をまわって意見を聞いた。

川崎製鉄の人事課長はいった。

「掲載順は、上場コード順にするといいね」

石川島播磨重工業の総務部長も、アイデアをくれた。

「巻末に、採用学科一覧表をつけるとありがたいね」

六十九社から受注を取った。

博報堂の森村が、タイトルを決めた。

「新しい本の名は、『企業への招待』としよう」

江副も、その名が気に入った。

「『企業への招待』。いいねえ。『企業への招待』。なかなか、いい」

『企業への招待』創刊号である昭和三十七年版の売上高は、六十九社からの広告が入り、一千百六十五万円、純利益は四百四万円であった。

新たなビジネス展開

江副は、昭和三十九年（一九六四年）四月早々、かねてよりの念願であった「テスト部」を正式に発足させた。

江副は、完璧な頭脳で、完璧なリクルーティングテストを開発するつもりであった。

〈とにかく、人間が会社を動かしているのだけはまちがいない。採用のときに、まちがえて選択すれば、日本のような終身雇用の慣行が残っている産業構造では、かならず損が出る……〉

テスト開発委員会では、テスト開発が試行錯誤された。

江副は、アメリカ留学の長いブレーン集団テスト開発委員会の芝祐順から報告を受けた。

「江副さん、アメリカのＥＴＳという会社は、五百人という数のスタッフを雇い、大学の入学試験をつくっている。アメリカでは、最大のテスト会社だ。ＴＩ型という性格類型検査も、そこの開発になるものだよ」

「ＴＩ型？」

「そう、人間は、まずＩｎｔｒｏｖｅｒｓｉｏｎ、つまり、内向型と、Ｅｘｔｒａｖｅｒ

sion、つまり、外向型に分けられる。I型とE型だ。これは人間を興味・関心の方向によって分けた分け方だ。I型は、主観世界への関心が高い人、E型は、外界への関心が高い人。また環境との接し方によっても、人間は二つに分けられる。Judgement、つまり判断型と、perception、つまり知覚型である。J型は、どんなことでもそのつどそのつど判断を正確に下しておかないと満足しないタイプ。P型は、その場その場で環境に合わせていく」

江副は、興味津々といった表情でそこまで聞くと、横から口をはさんだ。

「ぼくは、I型のP型かなあ」

「まだあるんだよ。判断の仕方で、Thinking、つまり思考型と、Feeling、つまり、感情型がある。T型は、論理型人間、F型は、感情型人間。そして、ものの見方で、Sensing、つまり感覚型とIntuition、つまり直観型とある。S型は、型どおりの見方を好み、N型は、直観的な見方をする」

「うん、TのNだなあ」

「だから、江副さんは、INTP型ということになるんだ」

「総合すると、どうなるんだろうね、ぼくは」

「じゃ、テストを受けてみる」

「うん、興味あるね」

江副は、さっそくテストを受けた。

数日後、テストの結果が出た。予想どおりＩＮＴＰ型であった。

江副は、自分の寸評に眼を走らせた。

『あまり従来の常識にとらわれない独自のものの見方をし、周囲からは独立的で、やや変わった印象をあたえるところがある。比較的冷静。客観的で、感情におぼれるようなことは少ない。外界に対しては柔軟な態度をしめし、いろいろなことに興味を持つが、実際には、周囲に関係なく左右されずに適応していく。現実性よりは可能性を重視した独特なものの見方をするが、それを人に説明することは得意ではない。若干打ち解け難く、他からは理解され難いところがある。細々した枠に填まったことは苦手である』

江副は、自分の評価がこうして文章になってみると、奇妙な感じを抱いた。

芝がいった。

「ちなみに、有名人を分析した結果、江副さんと同じＩＮＴＰ型は、吉田茂、アインシュタイン、レオナルド・ダ・ヴィンチなどがいるよ」

「光栄だねえ」

「参考までにいうと、坂本竜馬は、ＥＮＴＰ型、知的好奇心の強い点は、江副さんと変わらない。が、自分の考えを自信を持って実行に移す点、興味さえあればなんでもする。が、ときとして中途半端なまま放置する。独り合点しやすく、ときに他人の感情を無視して独善的になりやすい、ということだ」

「ほほおう」

江副は思った。

〈なかなか、鋭く突いている〉

江副は、テストの効果について高い評価をあたえた。

〈テストを受けてあらかじめ人間のタイプがこちらにわかっていれば、その人間との関係も、スムーズにいくだろうな〉

江副がテスト部を設置してから、すぐ三百社余りの企業から引き合いが来た。

日本のすべての人間のパーソナル・データを作る

江副は、昭和四十三年五月、会議室に森村稔、坂崎亨の二人を呼び、発破をかけた。

「『企業への招待』と大学新聞の広告取りの仕事だけでは、季節に左右されたり、不定期刊行の影響を受けやすい。自社媒体の雑誌が、どうしてもほしい。大至急考えてほしい」

坂崎は、自分が三十九年ころより温めていた企画を口にした。

「『企業への招待』と同じ大学生向けの就職情報を載せますが、ただし、月刊で出します。しかも、『企業への招待』のように無料で配布するんじゃなく、『月刊リクルート』のように有料で出してはどうでしょうか」

江副の眼が輝いた。

「有料、いいねえ」

坂崎は、それまで考えていたアイデアを吐き出すようにしゃべりつづけた。

「有料にするからには、『企業への招待』のように情報ばかりでなく、大学生のよろこぶような記事も載せます。連載小説だって、いずれは載せていこうと思ってます」

江副は即断した。

「よし、早急につくってくれ、編集長は、わが社のモットーである、いい出しっぺのきみだ」

江副はいった。

「雑誌名は、どうする」

森村がいった。

「『就職ジャーナル』というのは、どうでしょう」

かつて『企業への招待』も森村の命名であった。江副も坂崎も、耳を傾けた。

森村はその理由を語った。

「大学生にいまもっとも人気の高い週刊誌は『平凡パンチ』とならび、『朝日ジャーナル』だ。その『朝日ジャーナル』のジャーナルを借りて『就職ジャーナル』としよう」

坂崎は、『就職ジャーナル』発行のため、急遽営業部から編集部へ移り、編集長に就任した。『就職ジャーナル』の編集に携わった者で、編集経験者は森村一人であった。ほかは、坂崎はじめすべて素人であった。

坂崎らは、フリートーキング、フリーハンドで、次かち次へとおもしろい企画を考えた。四十三年六月五日、『就職ジャーナル』創刊号ができた。一四〇ページで、B５判、定価は百八十円であった。広告出稿会社は、日本ビクター、三菱自動車販売、東京電気化学、ソニー、西友ストアー、ダイエー、ヴァンジャケットなど二十社であった。実売部数は、五〇〇〇部くらいであった。

江副は、いつもいっていた。

「ドラッカーいわく、『凡人に非凡なことをさせるのが、組織の目的である』……」

期待の新入社員高塚猛が配属されたのは、事業部である。高塚は、昭和四十三年四月、都立一橋高校を卒業し、アルバイト入社していた。

高塚が考えたのは、『企業への招待』を配本する先である各大学の学生名簿を集める、ということであった。

四十三年度の卒業生だけで、十九万四千六百二十八人いる。そのリストをそろえると、リストが、金銭に化ける可能性がある。つまり、リストを欲しがっている企業がいるはずである。その企業に、リストを売ればいい。

日本に、まだダイレクトメールを本格的にビジネスにする発想はなかった。

日本リクルートセンターの事業部では、一括して『企業への招待』を学生部に送れば、学生部のほうで各学生に送本してくれていた。しかし、燎原の火のように全国一一六校もの大学に広がった学生運動の嵐により、昭和四十三年の秋には、学校事務局もほとんどの大学が、バリケード封鎖されてしまった。配本ルートが途絶された日本リクルートセンター事業部では、連日のように議論が戦わされた。

高塚は、提案した。

「やはり、学生一人一人に直接送らざるをえないですね。昔のように」

坂本部長は、腕組みしながら鋭い眼を開き、高塚にいった。

「そうだよ。それは、わかっているんだ。しかし、どうやってそのリストを手に入れるんだ」

高塚は、膝を叩きながら、確信をもった口調でいった。

「ぼくに任せてください。方法がないでもない」

高塚は、可能な限り、あらゆる伝手を頼り、学生名簿を集めた。

学生一人につき、約二十円で買い集めた。その名簿を保管するために、コンピュータにインプットした。そのインプットされたものを、ふたたび検索し、企業側に提供するときに、一人につき百円で売った。しかし、それでは、コストが百円かかっているので、収支はトントンになる。十回売った。十倍の儲けになった。『企業への招待』よりは、収益率がよかった。

だが、リストを売るについては、自主規制の箍《たが》を嵌《は》めた。一人の名簿を十社以上には売らない。そして、就職活動以外には使うまい、ということを取り決めた。リストは、どのようにでも拡大利用することができる。英会話教材の売りつけや、訪問販売の餌にされかねなかった。

江副も、このころ、鶴岡にうそぶいた。

「もしやらせてくれるなら、日本中の就職希望者と、求人側のデータをコンピュータに入れて、適材適所の就職をさせる。そうすることによって、学校の就職指導係も、職安も、企業の人事課の採用業務も、すべて不用にするぐらいのことはできる。さらに進んでは、日本のすべての人間のパーソナル・データをコンピュータに入れておいて、求人者が条件をいえば、それに見合った人間をすぐに見つけるということも、やればできる」

鶴岡もいった。

「いつの間にか、おれたちのやっていることも、恐ろしいことのできるところまで進んだな」

「ああ、そうだ。しかし、技術的には可能であっても、そうなると、うちの社が、ほとんど実質的に日本中の人間をある意味で支配してしまうような、怪物的機関になってしまう。社会的には許されないだろうな……」

江副は、そういいながらも、自分が日本中の人間をある意味で支配できる悪魔的想像に一瞬ながら酔った。

江副は、消費者の心の襞をこじあけるように、営業チャンスを広げていく高塚の姿に、かつての自分を重ね合わせていた。

高塚が、企業へ一人百円で売っていた学生のリストも、当初は、手書きサービスであった。が、江副は、このDMサービスが軌道に乗りはじめるや、直ちに、省力化を考えた。

セレクターを六十万円で、宛名書き印刷機を十五万円で購入した。

セレクターは、集められた学生リストを、地域別、大学別にふり分ける機械である。大学や、地域の名前が、マークセンス式に、カードのなかで位置が決められていて、その位置を機械が読みとり、おのおのの大学、地域別にセレクトする。

江副は、機械化できる単純作業は、どんどん機械化していく主義であった。人間の脳と手は、もっと高級な思考と運動をするようにできているはずだ、というのが江副の信念であった。

ベクトルは、いつでも二つ用意してある

社長の江副浩正は、社長室にこもっているだけでなく、ふいにフロアに顔を出した。営業アシスタントとして事務仕事をしている女子社員の肩を揉んであげるような茶目っ気のあることもしていた。

会議をしているところを通りかかった江副に、社員が声をかけることもあった。

「江副さん、ちょっとこっちに来てください」

江副に意見を求めることもあった。江副は、つねに先の先を見ていた。社員たちには、かならず大きな目標を投げかけた。宮川らが売上目標をこれまでの二〇％アップと掲げていたとすると、「そんなのでいいのか。四〇％だ」と尻を叩いた。

江副がほかのリーダーとちがうところは、そのようなときでも、上から押しつける雰囲

気は微塵もなかった。江副は、喜怒哀楽はあまり表に出さなかった。なにかの折に、専務の大沢武志を怒っていたと耳にしたことがあるが、実際に見たことがない。企業自体が右肩上がりで成長をつづけていたので、怒る必要もなかったのかもしれない。

「どう工夫し努力すれば売上が上がるのか」

「可能性があるのだから、がんばろう」

あくまでも、同じ仲間としての目線であった。社内で、江副のことを「社長」と呼ぶひとは誰ひとりいなかった。社長だけではない。肩書きをつけて呼び合うことはなく、みな、「さん」づけであった。電機メーカーのシャープが、平成二十五年になって「さん」づけで呼び合うことをはじめたというが、リクルートは、昭和四十年代はじめ、つまり、五〇年以上前からすでに当たり前になっていた。

マスコミから「同窓会のような企業だ」と書かれることもあった。そのようなリクルートだからこそ、組織にありがちな、派閥的なもの、ひとの好き嫌いということで苦労することはなかった。それはリクルート社員のほとんどに言えることで、上下関係、人間関係による屈折が少なかった。むしろ、仲間意識が強く、情報が伝わりやすい。

昭和四十五年五月にリクルート大塚ビルが竣工して一週間後、江副は、弁護士免許を取るために会社を辞めると去っていった小倉義昭を、逗子の自宅に呼んだ。小倉は、同じ逗子に住んでいた。

小倉は、昭和四十年六月に退社したが、友野喜久子につづき、「社友」の第二号となっていた。会社を辞めた小倉は、江副から本当に月々いくばくかの金額をもらっていた。

小倉に、江副は依頼した。

「どうやら、鹿児島の志布志に石油備蓄基地をつくるという話が出ているようだ」

江副があえて志布志市を選んだきっかけは、森ビルの森稔から聞いた話だった。森は、大平正芳や宮澤喜一といった宏池会の政治家たちと親しくしていた。そのため、聞いた話を、江副に聞かせてやることがあった。

「今度、大平さんが総理大臣になるよ。石油の備蓄基地をつくるとかなんとかっていっていたぞ」

石油はアラビア半島から日本へ運んでくる。その当時の一番大きなタンカーは二十万トン。このタンカーが運んだ石油が鹿児島の喜入町にある原油備蓄基地に備蓄されていた。二〇万トンともなれば海面に沈んでいる船体は十メートルほどになり、そのクラスのタンカーが入れる湾は、おのずと限られてしまう。四国の宿毛湾もかなり深いが、志布志に近い鹿屋には潜水艦基地がある。ということは、志布志の湾も深いはずだ。

江副は、いくつかの候補地の中から、当時のリクルートが持っている資金と土地の広さと単価を考慮した結果、志布志しかできないと判断したようだ。

江副は、小倉にいった。

「細かいことは、おれが考えるから、まずは、小倉さん、志布志にすぐ飛んでくれ」

そういって、六千万円を手渡した。

依頼を受けた小倉は、すぐに行動した。一週間もしないうちに志布志に住んでいた。

小倉が買った土地の広さは、二十町（＝ｈａ・ヘクタール）にまでなっていた。

実は、小倉の本心は、この場所で新しい街づくりを実現することだった。

〈リクルートは紙とエンピツの仕事だ。紙とエンピツはいいが、いずれデスクワークだけしていたら精神病になる者もでてくる。何か違う事業がしたいという者もあらわれるはずだ。その点、志布志はいい。都会にはこんな場所はない。志布志なら、野菜も作れるし、うまい魚も獲れる。この土地に家を建てれば、人間らしい理想の生活ができる〉

この話を江副に伝えたところ、江副も判断した。

〈これは、事業として儲かる〉

こうして、リクルートは農業法人をつくり、志布志で牧場を経営することになったのである。昭和四十七年五月には、鹿児島の志布志町に有限会社「リクルートファーム」を開園した。ひょんなことから、リクルートは株式会社としての農業生産法人第一号となったのである。

こうして、いろんな商品を製造し、それまでリクルートのお中元やお歳暮は他社から調達していたものを、すべて志布志でつくった自家製の牛肉、バター、チーズなどで賄った。

鹿児島県のリクルートファームで働く人を社内で募集したら、十六名の応募があった。

江副をじっと見ていた妻の碧は、あるとき、気付いた。

〈夫には、絶対、失敗がないのだ。失敗しないのには、それなりの理由がある。表と裏、必ず両方を考えて行動しているからだ。夫は、一つのことをするときに、一つのベクトルで進むことをしない。ベクトルは、いつでも二つ用意してある〉

碧は、夫に鹿児島県東部にある志布志市に農場をつくる真意を聞いてみた。

江副から返ってきた答えはこうだった。

「これからは農業も大事だ。自分たちは物のない、貧しい戦後に育った。だから、畑をつくって、食べるものをたくさんつくるということが安心感になるんだ。そういう思いが、体に染み込んでいる。だから、農場をつくるんや」

また、どんどん倍、倍に成長していくリクルートのことを考えてのことでもあるとも説明した。

「リクルートは知的産業だ。頭で金を稼ぐ商売だから、縦割りで細かく分かれている。そのグループ以外のことは互いにわからない。同じ会社でありながら、よその会社、部署、他人だから、もっと互いにコミュニケーションをとって、親密にしていかないといかん。そこで、農業をして研修するんや。そういう場所が欲しいんや」

表では、農業やら研修やらと純粋な江副の思いだけで事業が進められているように装っていたが、実は、裏があった。江副の本心は、しっかり隠されていた。

表向きは農場を持ちたいという理由だが、本心は土地を買って高く売る。江副にとってはビジネス的な視点からの動きだったのである。

江副の本心を知らされているのは、腹心のものだけだ。その腹心が江副の指示に従い、誰よりも早く、三歩も四歩も先を行って、志布志の土地を買い取った。

広告効果を生む雑誌

小倉義昭は江副にいった。

「いま、リクルートには百億円の売り上げがある。そのほとんどが企業からもらう売り上げだ。そのうち人件費は三十億円。江副さん、企業からもらうばかりだと、この先、景気の波風のときにゼロになるよ。一般の人からもらう日銭、三十億円くらいの商売やらないと、危ないよ。日銭三十億円の商売、おれつくるから。場所はどうする？」

「日本のどこでもいいよ。資金も使い放題だ」

翌日、小倉は江副に呼び出された。

「場所なんだけど、スキーができて、ゴルフができるところがいい。将来、畑をつくって生活してみたいから、それもできればいい。金額もこれくらいでやってくれ」

昭和四十八年、岩手県の超過疎地帯である岩手県松尾村竜ヶ森地区を、一大レジャーランドにする「竜ヶ森計画」がスタートした。

この巨大な開発計画は、リクルートの売り上げが百億円を達成したことを記念して計画された事業であり、役員の間では「百億円記念事業」と呼ばれていた。

酒をまったく口にしなかった江副が、ある日から酒を飲むように変わった。

江副が、最初に酒を飲んだのは、竜ヶ森に土地を買い、寝台車に乗って東京から岩手に通うようになったときのことである。

江副は眠れなくて、苦しんでいた。合理的な江副は、寝るとなったら瞬間的に眠りたい。横になっても、すぐに眠れないのがどうしても嫌なのだ。それが我慢できず、ますます眠れなくなるという負のスパイラルに陥っていた。

それを知った小倉義昭は、こうアドバイスした。

「ビールを飲むと眠れますよ」

「でも、ビールなんて飲んだことない」

そういう江副に、小倉はビールの飲み方を教えてやった。

江副は、小倉に教えられたとおりビールを飲んでみたらしい。次に岩手にやってきたとき、小倉にいった。

「ビールを飲んだら、よく眠れたよ」

それから、電車で岩手に向かう際には、必ずビールを買って、それを飲んで寝るようになっていた。

盛岡駅に着いてからも、竜ヶ森までは車で一時間かかってしまう。そこで、またビールを買って飲み、車中でまた寝る。もともと酒が弱い江副にとって、いつしか、お酒は睡眠薬代わりになっていた。

睡眠薬でもいいはずだが、目覚めが悪い。そのかわり、酒なら目覚めがいい。江副は酒を睡眠薬として常用し、最後はアルコール中毒に近いような状態になってしまう。

しかし、それが酒だけでも眠れないようになり、睡眠薬にも頼るようになっていた。自分でもコントロールできないほど、江副の精神は病んでいた。

昭和四十七年八月、西新橋のビルは完成した。「リクルート西新橋ビル」と名づけた。「本社ビル」と命名しなかったのは、その年、売上高は三十六億円に成長し社員も増え、二年もすれば新しいビルが必要になると思ったからである。

西新橋にビルを建てた時、はじめて江副のための社長室ができた。ところが、江副はいつも社長室にいない。いつも、ふらっと、どこかへ出かけて行ってしまうのだ。探してみると、郵便物を出すためにとことこ歩いていたり、社員が大勢いる大部屋に行って雑談しているのだ。いつもクラブ活動のような感覚で仕事をし、その中からいつくものアイデアを発掘してきた。


昭和四十九年四月、江副は、新商品『週刊就職情報』を売り出すことを決定した。関連事業準備室という独自の新セクションを創り、そのセクションに、池田友之と高塚猛を送りこんだ。

高塚が、江副に『高層住宅』のような住宅情報誌について提案した。

「坂崎亭さんは、『高層住宅』の広告料がページ二十万円だから、うちで考えている新情報誌も、それ以上の広告料を広告主からとれないというんです。つまり、この場合は、デベロッパーですよね。でも、それじゃ、駄目だ、とぼくはいったんですよ。いいですか、サラリーマンの平均年収は、約三百五十万円といわれています。そして、彼らの住宅資金の融資については、年収の三倍、ローンが組めるんですよ。それと、自己資金です。頭金として、一年分は自分で払えますね。とすると、年収の四倍、すなわち一千四百万円が彼らが探す住宅の平均的な値段です。これが平均的サラリーマンが得られる平均的物件です。それが一件成約したとします。三%を広告費としてみることができますから、四十二万円がその広告費に当たります。四十二万円広告費がかかるということです。しかし、二十万円の広告費では、それだけの客しか呼べないということです。見開き二ページ百万円の広告費をもらいましょう。それだけの広告費をもらって、やっと二軒の物件が決まる。広告費をかけないと、物件は成約しない、という認識を広告主に与えることが大切なんですよ」

高塚は、さらにまくしたてた。

「見開き二ページに載せたときの広告費を、最低百万円にすべきです。広告主は、できるならば物件は完売したいと思っている。たとえば、この雑誌に百の物件を載せるとする。すると、百万円かける百物件で、一億円の広告収入が入る。一億円の広告収入があれば、この雑誌は、一〇万部出してもペイする。仮に、十万人が買って読むとすれば、どんなに少なく見積もっても、百人に一人の割合で、本気で家を買おうという人がいる。つまり、十万人のなかに千人は本気で家を買いたいという人がいます。すると、千人の人は、百の物件を本気で探すでしょう。だから、百万円の広告料をもらっても、広告主からは、高いといって文句をいわれるものでもない。それだけの広告効果を生むことになるからです」

田中壽夫も、高塚の案に賛成した。

「うん、高塚君のいうとおりにしよう。少々紙質は落ちても、うちは大量の情報で勝負すべきだ。これがうちのやり方だ」

昭和五十一年一月二十五日、『住宅情報』は創刊された。月刊誌であった。一二四ページで、全体の三分の二がカラーである。表紙には〈無料提供普及版〉と打った。

高塚は、営業に動いた。

日商岩井や、兼松江商などの商社のデベロッパーをまわり、宣伝して歩いた。

『住宅情報』は、のちに「リクルート」史上最大のヒット商品となる。

〝金のなる木〟に出会った

江副はリクルートのPC制を「社員皆経営者主義」と呼んだ。江副の退任時、PCは五百ほど、グループ会社のPCも加えると六百を超えていた。そのような形の「社員皆経営者主義」で社内に経営者が育ち、リクルート自身も高い業績を上げるようになっていった。

PC制が浸透するにつれて、「リクルートは商売の勉強ができる会社」と、学生の間で評判が立ち、起業家精神旺盛な人が入社してくるようになった。PC制のもと、組織は自己増殖と細胞分裂を繰り返し、江副とは関わりなく、社員が互いに競争しつつ発展するようになっていった。

また、四半期ごとに一番高い業績を上げたPC長を最優秀経営者賞（MVP）として表彰していた。のち江副が退陣後リクルートの社長となる河野栄子は、江副と同様、学生時代は『an（アルバイトニュース）』でコミッション制のセールスマンのアルバイトをし、卒業後も歩合制の日産サニー東京販売のカーセールスマンをしてきて仕事の要領をよく知り、数字に明るかった。彼女は昭和四十四年二月にリクルートセンターに入社後、PC長から事業部長までの間、最優秀経営者賞を九回受賞し、四十三歳で事業担当専務となり、五十一歳でついに社長に就任した。

のち「江副学校」と呼ばれるほどリクルート出身者に起業家が多いのは、このPC制も影響しているといえよう。

江副の懐刀であった小倉義昭は、リクルートの推し進めた安比高原を開発するにあたって、地元の有力者たちと親しくしていた。安代町が選挙区である岩手一区の衆議院議員鈴木善幸の事務所の人たちとも付き合っていた。その鈴木善幸が、昭和五十五年七月十七日、内閣総理大臣として鈴木内閣を発足させた。

小倉が江副を誘ってみた。

「江副さん、官邸って面白そうな場所ですから、行ってみますか？」

江副は、さほど興味も示さず、「じゃあ、行ってみよう」といって、小倉についてきた。

官邸に到着すると、小倉は総理秘書にあいさつした。

「こちらが、うちの社長です。紹介に参りました」

そういって、小倉は「わたしは、ここにいます」と伝え、江副を秘書に預けた。

江副一人だけ送り出し、小倉は別の部屋で待っていた。

しばらくすると、江副が帰ってきた。

開口一番、小倉にいった。

「これから、小倉さんは政治の付き合いはやらなくていい。オレが全部自分でやるから」

どうやら、総理との会話の中で、江副はそれまで触れることが出来なかった世界に振れたらしい。

「いやー、すごいよ」

興奮しながら江副は話した。

それまで、新聞やテレビのマスメディアを通してしか知らなかった政治の世界が、ダイレクトに味わえることを江副は知ってしまった。官邸で、直接政治家と触れ合ったことで、本当の姿を見た江副は、興奮して口にした。

「もう、新聞やテレビなんかの情報じゃダメだ。そんなものに価値などない。これからは、直接、おれが情報をつかむ」

そういう江副に、小倉は忠告した。

「政治家と付き合うというのはヤクザがすることだ。江副さんを汚すことになる」

「いや、大丈夫だ」

江副は忠告を無視した。

それからの江副は、社長専用車を持つようになり、政治家が出入りする料亭などに頻繁に出入りするようになった。その際、小倉も同行することが多かった。ただし、鈴木善幸との会食の場だけは、小倉は遠慮した。

江副は、鈴木内閣の行政管理庁長官に就任していた中曽根康弘とよく会っていた。

ただし、江副は、安比の許認可のような政治的なお願いことをすることはしなかった。

むしろ、政治家の方から江副に近づいてきた。

「パーティ券を、買ってください」

「献金、よろしくお願いします」

その様子を見ていた小倉は、内心思っていた。

小倉の「官邸に行ってみませんか？」の一言が無ければ、江副は政治の世界にのめり込むこともなく、リクルート事件も起きなかったはずだ。

官邸に行ってしまったことが、その後の江副の運命を決めたのかもしれないという。

江副の妻の碧も、どんどん事業にのめり込んでいく江副に翻弄されていた。

今になって、あのときのことを振り返ると「ハッ！」と気付くことがある。

〈あの人が変わってしまったのは、政治家を知ったときからやわ……。ものすごく、お金儲けになるということがわかったんやわ……〉

碧は、いちばん近くにいた人間として、すでに、江副の変化に気づいていたのかもしれない。

安比高原を開発すること一つ考えても、まずは国から保安林指定を解除してもらわなければならない。また、地目変更もしなければならない。それらは役所の許可が必要となるが、そのうえには、〝金のなる木〟である政治家という存在がどうしても必要になってくるのである。

碧は恐ろしかった。

〈人間として大切な部分がどんどん失われてしまったのか……〉

昭和五十五年十月二十九日、いよいよ、「日本リクルートセンター」を中心とする第三セクター安比総合開発株式会社が発足した。

昭和五十六年十一月二十三日、安比高原スキー場は、ようやくオープンした。

江副流経営哲学

昭和五十七年十月、アルバイト情報誌『フロム・エー』が創刊された。

池田友之が社長になり別会社でスタートした『フロム・エー』は、出発時は苦労が多かったが、すぐ軌道に乗り、グループで収益率ナンバーワンの優良会社になった。

また、紙媒体の『フロム・エー』からネットへの転換を業界に先駆けて進めた。『フロム・エー』の部数は減少したが、インターネットを併用した広告効果は上昇した。インターネットで検索できる情報量の多さで圧倒的な優位に立ち、『フロム・エーナビ』はリクルートの高収益事業となった。

江副は、昭和五十二年十一月二十七日に、総理大臣に就任した中曽根康弘を、初めて首相官邸に訪ねた。藤波孝生官房長官が一緒であった。

江副は、中曽根のコンピュータに対する並々ならぬ興味の持ち方を楽しく聞いた。共鳴するところが多かった。江副は、中曽根に、確かな感触をつかんだ。大物の心臓をぎゅっとつかみとった、と思った。

中曽根も、江副に対して、一目で好感をもった。何よりも、話しぶりに少しの無駄もない。

中曽根は、別れるとき、江副を励ました。

「きみとは、これからも、話が合いそうだ。頑張りたまえ」

江副は、昭和五十九年の一月に経団連に入るや、兄事するウシオ電機会長の牛尾治朗に経済同友会について詳しく訊くようになった。牛尾は、日本青年会議所会頭だけでなく、経済同友会の副代表幹事もしていた。

江副は、牛尾に頼んだ。

「なんとか、ぼくを経済同友会にも入れてもらえませんか」

「わかった。おれに任せておいてくれ」

江副は、牛尾の導きで、経済同友会にも入れてもらうことができた。五十九年四月であった。

江副は、胸をはずませた。経済界で、一人前に認められた社長になったわけである。

「日本リクルートセンター」の社名が二十一年間続いた後、昭和五十九年四月一日、「株式会社リクルート」に変わった。いわば、それまでの情報誌を主体としたペーパーメディアから、ニューメディア事業など、よりいっそうの事業展開を図るための社名変更であった。

同時に、関連会社の社名にも「リクルート」の名を冠し、リクルートを中核とした「リクルートグループ」として、フジサンケイグループや日経グループのような情報産業における企業集団を目指した。

江副は、昭和五十九年春、リクルート本社十一階の会議室で、取締役会議、社内でいわゆるT会議と呼んでいる席で力説した。

「いいな、みんな、リクルートの常識は、世間の非常識である。世間の常識は、リクルートの非常識である。このことを、あらためて肝に銘じてほしい」

江副は、すぐに納得できそうにない顔の取締役に、発想の一八〇度の転換を求めるようにいった。

「みんな、いいいな。健全なる赤字こそが、健全な経営を生む。これがわたしの基本哲学である」

江副は、いっそう混乱したような顔の取締役に、さらに噛んでふくめるように説明した。

「借金があると、確かに不安である。しかし、その借金がまたバネになる。無借金だと、緊張感がなくなる。かえってよくない。既存事業を守り、育てるだけでは、年率三〇%近い成長は望めない。つねに新規事業にチャレンジし、ビジネスチャンスを広げ、前向きに投資していくこと、これがこれまでやってきた江副流の経営法である。限界まで試せ！一〇%二〇%の増収ではなく、五〇%、倍増を目指せ！　前向きの投資にならいくらでも応じる。いつでも、恐れずにいってきてほしい」

大きくなるにしたがって、雪だるま式にどんどんすべきことが増えていく。あれもこれもする。リクルートは、暴走列車状態だった。野望は止まることができないのだった。

スーパーコンピュータ導入で一気に駆け登る

昭和五十九年八月二十一日、中曽根首相の私的諮問機関として、臨時教育審議会、いわゆる臨教審が発足した。この臨教審のなかで、会社訪問時期を定めた就職協定の見直し論議が議題にのぼった。就職協定廃止の方向へ世間の大勢は動いていた。つまり協定廃止により企業と学生との接触機会をより広げよう、という動きである。ところが、『リクルートブック』を発行し学生に配本しているリクルートでは、企業と学生の接触期間が短ければ短いほど、『リクルートブック』に頼る機会が増えることになる。協定廃止は、リクルートの生命線を切断されるにも等しい。

この事態を恐れた江副は、古くからの知り合いである藤波孝生官房長官に目をつけ、工作に動いた。

さらに、「協定存続」に流れをもっていくために、公明党の池田克也にも工作をおこなった。昭和六十年（一九八五年）十月三十日、公明党の池田克也文教委員は、衆議院予算委員会で質問に立った。就職協定についての質問であった。

「今年は就職戦線が非常に早くから加熱し、七月早々に内定が出るほどの異常な現象が起きた。〝青田買い〟を是正するために、政府がなんらかの手を打たねばならないんじゃないか」

池田は、担当大臣だけでなく、中曽根首相をも答弁に引き出した。

「担当大臣だけではすまない。総理のご認識をうかがいたい」

中曽根首相は、きっぱりと答えた。

「おっしゃるとおり、非常に緊切な問題として、今年は特にひどくなってまいりました。そこで、関係大臣に、これは官民一体になってやらないとできないことでございますので、よく相談させまして、できるだけ早期に手を打つよう努力させたいと思います」

臨教審は、六十年六月、第一次答申を提出した。その内容は、学歴社会を是正させるには、「有名校重視につながる就職協定違反を是正する」ことが重要と判断。協定存続をのぞむリクルートに有利な内容となった。

臨教審は、他の教育関係審議会と違って、総務庁の統轄下になる。

江副に頼まれて動いた藤波は、官房長官として、総理府設置法に基づく監督権限があった。このことが、のちの藤波の逮捕につながる……。


江副は、昭和五十九年六月十八日、日本電信電話公社総裁の真藤恒に手紙を書いた。

『住宅情報オンラインネットワーク開発および企業内ＩＮＳ構築等に関する御協力のお願いについて』

という見出しで、リクルートが、ＩＮＳ技術を駆使した住宅情報のオンラインネットワーク開発や、自社と関連会社間のＩＮＳ化を計画していることを説明し、さらに要請した。

『本システムの実現には、貴公社において研究中の地理データベース技術、ニューメディア技術およびデジタル通信技術等の最新の技術を利用させて頂きたいと考えています』

協力を求める具体的内容として、①住宅情報オンラインシステムの共同開発について②企業内ＩＮＳの実現について③地理データベース等について、の三項目をあげた。

江副は、この書簡を電電公社側の窓口となっている式場英企業通信システムサービス本部長に会い、真藤に渡してもらった。

真藤から、総裁印が押された便箋一枚の返事が、すぐに江副のもとにきた。

『先に御依頼のありました件の御協力につきましては、御社の御要望に沿って日本電信電話公社のサービス提供および最新技術の御利用等の協力をさせて頂きます』

江副が望んだ三項目のすべての全面協力を約束していた。

さらに、末尾に、

『今後の協力内容の打ち合わせ等につきましては、企業通信システムサービス本部長を責任者と致しますのでよろしくお願いします』

と、本部長の式場を指名していた。

書簡交換で協力を約束した技術のうち、企業内ＩＮＳは、同一企業の複数のビルの内線電話やコンピュータを相互に結ぶシステムである。この中核になる交換機やデジタル回線の利用などの技術が、回線リセール事業で他社の本支社間の通信を扱うためには不可欠であった。

江副は自社のネットワークをまず構築し、その経験を生かして、デジタル回線リセール事業に乗り出すつもりであった。リクルートには、もともと通信技術者は少ない。電電公社の支援がなければ、通信事業への進出は難しい。江副は、真藤に感謝していた。

昭和五十九年十一月、日本電信電話公社は、デジタル回線サービス、すなわち回線リセール事業を手がけようとする企業のために門戸開放した。開放したとたん、三百社近い企業から、申し込みが殺到した。そのため、回線の敷設工事、利用者への接続工事が追いつかず、回線の提供を受けるまでには、半年間ぐらいかかるというパニック状態となった。

リクルートも、同じく電電公社に対し、大量の回線申し込みをおこなった。

江副は、電電公社との根回しをすませたうえで、六十年三月から、リクルート、電電公社、森田康社長率いる日本経済新聞社の三社によるマップ・データ社を設立した。コンピュータを使って地図のデータを提供する会社である。

六十年四月の通信自由化と同時に、リクルートは、郵政省に対し、回線リセール業をおこなえる一般第二種事業者の届け出を出した。同じ四月に、電電公社は民営化し、NTTと名を改めていた。

江副は、真藤に会い、すすめていた。

「スーパーコンピュータを、うちで買いとらせてください。アメリカへ行かれてスーパーコンピュータ購入を約束なさってください。そうすれば真藤さんのアメリカでの株は、上がります」

真藤は、九月十二日、江副の言葉を胸に、張り切って渡来した。十月一日まで滞在した。

真藤社長は、九月二十六日アメリカクレイ社のジョン・A・ロールワーゲン会長とミネソタ州ミネアポリスで会談した。

「NTTは、クレイ社製のスーパーコンピュータを購入する計画で、今後交渉をつづけて契約することになろう。価格は八百万ドルで、六十一年夏ごろNTTに納入される予定である」

真藤社長は、このコンピュータを、江副へのお土産にしようと考えていた。江副と手を組んでおけば、これからうるさくなる新電電との勝負にも絶対に負けることはない。商売は、腕のいいのが組むと二人の和の何乗倍ものエネルギーをもつものなのだ。

中曽根も、日本時間では昭和六十年十月二十六日未明の十月二十五日午後、ニューヨークで記者会見した。

中曽根も、クレイ社のコンピュータについて語った。

「クレイ社のコンピュータの問題があったが、NTTがすでに二台買ってある。また一台クレイ社から買う……。日本でも日立や東芝、富士通など有力なコンピュータ会社があるが、われわれの考えを汲み入れてクレイ社のコンピュータを買う配慮も備えているわけだ」

真藤社長は、このコンピュータを予定どおり購入することを約束。

翌六十一年五月、クレイ社からクレイX－MP216を当時の為替レートで十九億九千八百万円で買った。

六十一年十二月には、クレイX－MP216は、NTTからリクルートに転売されている。建物賃貸契約も結び、NTT横浜西ビル内にリクルートのスパコンクレイ機が設置された。

江副は、さらに富士通のFACOMVP－400を入れ、RCA事業会社では、世界一の規模となった。

このころ、真藤は、江副と食事をしたとき、いっそう感心したようにいった。

「江副君のやり方は、静々粛々とした感じで、いつのまにか仕事を手がけ、気がついたときは、こちらが完璧に取り囲まれているという感じだなあ……」

昭和六十年九月、江副浩正は、政府税制調査会特別委員に選任された。

少し前の八月下旬に江副浩正に電話があった。藤波孝生官房長官の秘書からであった。

「あなたは、税調委員になりますのでよろしく」

そののちしばらくした後、今度は藤波から直接電話が入った。

「税調委員に決まりましたので、よろしくお願いします」

当初、政府税制調査会特別委員の選任を担当した大蔵省主税局、自治省税務局の段階では、江副は、候補リストに入っていなかった。

政・財・官に還流させたリクルート株

江副は、昭和六十一年九月三十日、政・財・官界延べ八十三人にリクルートコスモス未公開株七十六万株を譲渡した。

この七十六万株は、六十年の四月に、第三者割当て増資により譲渡した七百一万七千七百六十株のうちから、江副らが中心となって、譲渡先から買い戻したものである。

江副が還流させた株の再譲渡先は、政・財・官界と多岐にわたっていた。

江副は、電話で還流させた相手にささやいた。

「どうでしょう。もうじき店頭公開します。いまなら、わたしの手持ちのルートで、お譲りできますよ」

「やっぱりね。先立つものは、いるからね」

「心配ご無用です。そんなときは、わたしのほうで、信用貸しします。みなさん、それぞれ地位のある方でいらっしゃいますからね」

ほとんどの人間が、江副の甘い口車に乗り、ファーストファイナンス融資付きで買った。

政界は、中曽根康弘総理大臣秘書の上和田善彦に三千株、筑比地康夫に二万三千株、山王経済研究会の太田英子に三千株、竹下登幹事長元秘書青木伊平に二千株、大蔵大臣宮澤喜一に一万株、安倍晋太郎総務会長秘書清水二三夫に一万七千株、藤波孝生国対委員長秘書徳田英治に一万二千株、渡辺美智雄元大蔵大臣秘書で長男の渡辺喜美に五千株、加藤六月農水大臣秘書片山紀久郎に七千株、次女の加藤周子に五千株、加藤紘一政調会長代理に五千株、渡辺秀央内閣官房副長官に一万株、塚本三郎民社党委員長に五千株、田中慶秋民社党代議士に五千株、上田卓三社会党代議士秘書吉田勝次に五千株……である。

財界では、ＮＴＴ社長真藤恒秘書村田幸蔵に一万株、同じくＮＴＴ取締役長谷川壽彦に一万株、同じく式場英に五千株。読売新聞社の丸山巌副社長にも五千株買ってもらった……。

官界では、加藤孝元労働次官に三千株、文部省の実力者である高石邦男文部次官に一万株……。

昭和六十一年十月三十日、リクルートコスモス株は、ついに店頭登録された。

その直後、帝国ホテルの広間で、店頭登録祝いのパーティーが華やかに開かれた。江副は、会場の入口に立ち、客をひとりひとり迎えていた。笑みが、自然とこぼれおちる。

江副は、一カ月前、延べ八十三人に、リクルートコスモス未公開株七十六万株を還流し終わったばかりであった。

還流させた先の人間は、ほとんどが、店頭公開と同時に売り抜けて、利益を得た。

コスモス株の初値は、五千二百七十円、このとき、六千円から七千円の超高値をうかがっていた。それに、店頭公開直前にばらまくという手回しのよさであった。

江副自身も、公開直後に売り抜けて、創業者利益として無税の百四十七億円を手に入れていた。


転落こそしたが経済界に残した功績は大きい

朝日新聞の横浜支局次長として川崎市助役への未公開株譲渡問題の取材を指揮していた山本博が、昭和六十三年六月十八日、『リクルート川崎市助役へ一億円利益供与疑惑』としてスクープした。

この記事を引き金に、七月に入ると、マスコミ各社の後追い報道によって、中曽根康弘前首相、竹下登首相、宮澤喜一副総理・蔵相、安倍晋太郎自民党幹事長、渡辺美智雄自民党政調会長ら、自民党派閥領袖《りょうしゅう》クラスにもコスモス株が譲渡されていたことが発覚する。

発覚時に首相であった竹下登は、平成元年六月に首相を退陣した。

江副ら贈賄側と、藤波孝生元官房長官ら収賄側の計十二人が起訴された。全員の有罪が確定した。

昭和六十三年七月六日、江副は、リクルートの会長を辞任した。

平成元年（一九八九年）二月十三日、東京地検特捜部は、江副リクルート前会長、小林宏ファーストファイナンス副社長を、NTT法違反の贈賄容疑で、式場英NTT前取締役、長谷川壽彦NTT元取締役を、収賄容疑で逮捕した。三月六日、真藤恒NTT前会長も、NTT法十八条違反、収賄の容疑で逮捕された。

平成四年（一九八二年）五月十三日、江副は、中内㓛会長を、ダイエー東京本部に訪ねた。

江副が持っていたリクルート株の約九百五十万株、発行済み株式の三分の一をダイエーに売却譲渡し、中内が、リクルートの代表取締役会長に就いた。

リクルートには、新たにダイエーから五人の役員が派遣された。社長の位田尚隆は、そのまま残り、幹部も社員も、江副時代の者がそっくり残った。

「金は出すが、リクルートの事業には口を出さない」

江副との交渉で中内はそう約束し、自分が会長でいる間、その約束を守った。

こうして、リクルートは、バブル崩壊の一九九〇年代を生き延びることができた。

平成元年二月に贈賄容疑で逮捕され、贈賄罪で起訴された江副は、平成十五年に東京地裁にて懲役三年執行猶予五年の有罪判決を受け、被告人・検察とも控訴せず同判決は確定した。

リクルートから次々と生まれたIT起業家

江副は、平成二十五年（二〇一三年）二月一日に安比高原スキー場でスキーを楽しみ、ホテルに一泊したあと、二日に新幹線で東京に戻った。下車したその東京駅のホームで倒れ、意識が戻らないまま、二月八日に亡くなった。七十六年の生涯であった。

通夜は、碧夫人とは離婚していたので、長女が喪主となり、港区西麻布二丁目にある曹洞宗の永平寺東京別院・長谷寺でおこなわれた。

平成二十五年三月十六日、江副浩正の社葬が、新高輪プリンスホテルで催された。宮川光彦が思っていたよりも規模が大きく、大きな部屋三つ分を会場としていた。

江副の次女が、スピーチをした。

宮川光彦の印象に残ったのは、江副が娘に語ったというひと言だった。

「おまえは、ぼくにとって二番目にかわいいよ。一番目は、会社だよ」

宮川は思った。

〈血を分けた自分の娘よりも会社をかわいいと思うのは、いかにも江副さんらしい〉

宮川は、平成十年、五十五歳でリクルートを退職した。退職後は株式会社キャリアマークを設立し、人材斡旋や、人材コンサルといったビジネスをしている。いまかつて所属していたリクルートのラグビー部ＯＢたちが集まると、その半分は起業している。

独立の意識がより強まったのは、宮川から二十歳ほど下の代からだろう。

宮川らが入社したころには、銀行とリクルートをくらべてリクルートを選ぶには親の反対を押し切るだけの覚悟が必要だった。しかし、それから成長を続け、リクルートは、銀行や商社という安定した業種と肩を並べる社会的地位を得ていた。

リクルートは、ただ企業を発展させる優秀な人材を育てるだけではない。江副浩正が創業時から抱いていた起業精神というＤＮＡを植えつけている。

そして、退社して自分の城を築く。「リクルートは、人材輩出企業だ」という言葉も聞こえるようになった。

しかも、起業した者同士は、リクルートで育ったという仲間意識が強い。

彼らは、自分たちのことを、自国の中国を離れて東南アジアを中心に世界を股にかける華僑になぞらえて、〝リ僑〟と呼ぶ。リ僑はリ僑同士で助け合いながら、それぞれのビジネスを進めている。

成功例が増えれば増えるほど、リクルート社員たちも刺激される。

「おれも、起業できるのではないか」

リクルートは、起業家を育てる学校のようでもあった。「江副学校」と呼ばれる所以である。

リクルート自体も、かつての社員を大切にしつづける。元社員にパーティー会場に本社の部屋を提供することもめずらしくない。

第4章

SBIホールディングス
代表取締役社長CEO

北尾吉孝

最高の懐刀と評された
切れすぎるカリスマ

身体もでかいけど、態度もでかいな

わたしが北尾吉孝を孫正義から初めて紹介された時、感じたものである。

〈身体も人並み外れてでかいけど、態度もでかいな。孫さんのそばにいて、どちらが主人かわからない〉

さらに思った。

〈およそ社員として納まりつづけることは無理だろう。やがてはみ出て、自分で会社を興すことになるだろうな〉

その予想は当たるわけだけど、話していて意外だったのは、北尾が孔子の『論語』をはじめ、中国古典に通じていて、生き方の基本に据えていることであった。ビジネスも「中庸」の精神を失わず、改革に挑み続けている。

野村證券で金融を学んだ北尾は、孫に金融を教えた。

北尾は、世界をまたにM&Aに驀進しつづけている孫が、よりスピーディーに事を運べるため、コアバンク制をはじめ、かって日本になかった改革を断行した。

世間だけでなく、ソフトバンク社内までメインバンクを捨てる北尾の改革に猛反対した。しかし、孫は緊急役員会を開き、北尾の改革に乗った。

孫は北尾から金融を学び、北尾は孫から経営を学んだ。北尾は、わたしが初めて会った時に感じたように、ソフトバンクから円満に独立し、ＳＢＩホールディングスを起こした。

北尾は、「ホリエモン」と呼ばれた堀江貴文がニッポン放送の買い占めに動いた時「ホワイトナイト」として立ち塞がり、堀江を撤退に追い込んだが、のちＴＶ番組で「堀江貴文と孫正義の違い」を尋ねられ、こう答えている。

「人々のために役立つことをしようという意識を常に孫さんは持っている。その結果として儲かっているだけ」

野村證券に価値があるのか

孫正義のソフトバンクを離れ独立し、ＳＢＩホールディングスＣＥＯとなった北尾吉孝は、昭和二十六年一月二十一日、兵庫県西宮市で生まれた。

北尾は、県立神戸高校、慶応義塾大学を経て、昭和四十九年四月、野村證券に入社し、総合企画室に配属された。

昭和五十一年九月、北尾は、ケンブリッジ大学経済学部に晴れて入学した。昭和五十三年六月、無事卒業して帰国した。野村證券海外投資顧問室に配属され、課長代理の任に就いた。昭和五十七年三月、海外投資顧問室ニューヨーク拠点（ＮＳＩ）に異動となった。

昭和六十二年、北尾は、第二事業法人部次長として日本に帰国した。

北尾は、日本に帰ってからも、たびたび田淵義久社長に接する機会があった。

あるとき、田淵は、北尾にいった。

「おまえは、次の次だ」

次の次、それが、社長の座のことを指すことは、北尾にもわかった。そう考えていたからこそ、ニューヨークにいるときも、日本に帰ってきてからも、田淵は、事あるごとに北尾を呼び出したのである。田淵は、北尾に、経営者とはなんたるかを教えたかったにちがいない。

北尾も、さすがに次の次を意識するようになった。

〈自分が野村證券を率いる立場になったときには、どのような舵取りをするべきか〉

平成元年、人事異動が発表された翌日、北尾は、目をかけられていた田淵義久社長に呼ばれた。しかし、その日ばかりは、明るくふるまうことができなかった。その人事異動は、北尾だけでなく、北尾のまわりの予想をまったく裏切る結果となったからである。この人事で、北尾が法人部部長に昇進するのはまちがいないと誰もが信じていた。ところが、北尾は、ロンドン駐在常務として、野村證券が二〇%を出資しているワッサースタイン&ペレラ社に出向を命じられたのである。

ワッサースタイン&ペレラは、モルガンスタンレー投資銀行部門のヘッドであったジョゼフ・ペレラとブルース・ワッサースタインのふたりが設立。ニューヨークのウォール・ストリートにあらわれた、世界的に注目を集めたM&A専門会社である。設立したその年の昭和六十三年には、十六件、三百四十三億ドルの実績を上げていた。

田淵は、北尾に打ち明けた。

「この人事は、おれが決定したんだ」

田淵は、理由を説明しはじめた。田淵は、野村證券の未来を見据えていた。これまで、野村證券の主な売上は、株式などのブローカレッジ事業であった。しかし、それだけで、いつまでも利益を上げられるかどうかはわからない。新たな投資事業として、M&A事業を加えたいというのが、田淵の考えであった。

田淵はいった。

「北尾君には、マネージメントできるテクノクラートになってほしい。来たる将来、野村證券が、海外の金融機関を買ったとしても、マネジメントできる人材がいない。北尾君は、海外でマネジメントをしていたが、それは、野村證券内でのことだ。今度は、アメリカの会社でマネジメントをよく学んでこい」

「わかりました」

北尾は、田淵にいわれるまま、ロンドンに飛んだ。

国際的にも強力なM&A仲介業務を展開し、業界をリードしたワッサースタイン&ペレラ社で、多くのM&Aに参加した。のちに北尾がさまざまなM&Aを展開できたのは、この出向があったからこそであった。

平成三年、北尾は、野村企業情報株式会社取締役を兼務した。ところが、その年、思わぬ事件が発覚した。野村證券が、顧客に対して、総額百六十一億円もの損失を補填していたのである。この責任をとって、田淵義久は引責辞任した。

田淵のあとを継いだのが、酒巻英雄であった。北尾は、酒巻が就任記者会見を受けるニュースを見ながら、思わずため息をついた。

〈酒巻さんでは、野村證券はもう世界に冠たるインベストメントバンカーになれない。酒巻さんには、大野村の社長の器量はない〉

北尾の睨んだとおりだった。総会屋に対する利益供与事件が、平成九年に発覚。野村證券は証券業のモラルを追及された。酒巻は、責任をとって社長を辞任する。

平成四年六月、北尾は、野村證券事業法人三部長に就任した。バブルが弾けた後の資本市場でも、幹事比率は下がることはなかった。どんなに悪くても、前回の実績を維持した。絶体絶命のところでも、なんとか、覆した。

ただし、田淵義久社長が辞任したことは、北尾には大きな転機となった。大口顧客への損失補てん、広域暴力団への融資と一気に噴き出した問題を、田淵ひとりに負わせた野村證券という組織に幻滅した。

〈はたして、野村證券に、人生を捧げるだけの価値があるのか……〉

田淵義久の辞任は、あらためて北尾に自分の立っている場所を振り返させた。

そんな北尾に、運命の出会いがおとずれる。平成六年七月二十二日のその日、ソフトバンクが、東京証券取引所に店頭公開を果たした。野村證券は、その幹事証券会社となっていた。

北尾は、その日はじめて、ソフトバンク創業者である孫正義と顔を合わせた。

孫は、世間をおどろかせつづけるデジタル情報インフラを押さえようと思っていて、熱っぽく語りはじめた。

「あくまでも、デジタル情報インフラを押さえようと思っています。それ以外の領域には興味をもっていません。そのインフラとは、流通インフラ、ネットワークインフラ、情報インフラ、サービスインフラ、そして、展示会インフラです」

それから、業績が長期的にも短期的にもしっかりしていることをはじめ、買収合併する際の企業のいくつかの条件をまくしたてた。

ニューヨークのビジネスマンから、「ミスター・キタオは、ジャパニーズ・ジューイッシュだ」と舌を巻かせるほどの交渉力を誇る北尾は、自分よりも六歳若い、三十歳代半ばの若き経営者に惚れ惚れとした。気風のいい話ぶりには、さわやかな風が吹いているようにさえ感じられた。

〈自分の意見を、ここまで明確に語れる経営者は、日本には数少ない。世界でビジネスができる逸材だ〉

これまで野村證券の北尾が出会った国際的な規模の欧米企業を引っ張るCEO（最高経営責任者）に通じる、強烈なリーダーシップと、ビジネスマンとしての卓越した能力を持ち合わせていた。組織全体のコンセンサスを得てはじめて動く日本のリーダーというよりも、欧米的経営者の色が濃かった。

しかも、ただビジネスマンとしての能力の高さを感じるだけではない。つい孫の話に惹きこまれてしまうのは、誠実さ、温かみが、孫の話し振りににじみ出ているからだろうと北尾は思った。

北尾が実行したソフトバンク大革命

北尾は、平成七年五月、ソフトバンクに顧問として正式に入社し、同年六月に財務担当の常務取締役となった。

北尾の部下であった川島克哉も、北尾にしたがい、ソフトバンクに移ることを決めた。

北尾がソフトバンクでまずおこなった社債発行のほとんどを大胆にも財務代理人方式に切り替えたこと、コアバンク制を導入したことは孫正義編で描いた。

孫は、北尾が入社したころこそ金融は素人であった。だが、その理解力の高さには、北尾は舌を巻いた。いまや、金融のプロになっている。集中力が尋常ではない。まさに、天才の天才たるゆえんである。

北尾も、ソフトバンクでかなり勉強できた。まったくわからなかったインターネットの世界が理解できた。

自分が専門としてきた金融こそが、インターネットともっとも親和性の高い事業であることもわかった。

平成十一年六月、ソフトバンクは、全米証券業協会ナスダックと新興証券市場「ナスダック・ジャパン」創設に向けて合意した。

が、北尾は、あくまでも反対した。

「孫さんがつくろうとされているものは、証券業と縁もゆかりもない会社と、アメリカのナスダックがいきなりつくるものではないのです。日本の複数の証券会社が、必要だとの認識で一致したところで、それらの証券会社が力を合わせてつくるものなのです。孫さんがしようとしていることは、あきらかに筋がちがいます」

だが、孫は、推し進めた。

ところが、創設にむけて頭打ちとなってしまった。

「北やん、頼む」

北尾は、大阪証券取引所に出向き、段取りをつけた。

平成十二年五月、ナスダック・ジャパンは開設した。

しかし、開設一年で当初の構想から少ない百社ほどしか上場できず、累積損失も、平成十三年末までで数十億円にものぼった。

ナスダックは、営業活動を停止し、ナスダック・ジャパンから撤退。孫も撤退した。現在、「ヘラクレス」と名前を変え、大阪証券取引所が運営している。

さらに、孫は、平成十年十二月に一時国有化した日本債券信用銀行を狙った。オリックス、東京海上火災（現・東京海上日動火災）を中心とした投資グループとともに譲渡を受けて、あおぞら銀行を設立した。

北尾は、このときも、孫を引き止めた。ソフトバンクは、すでにベンチャーキャピタル、新興市場ナスダック・ジャパンを手がけていた。それに加えて、銀行業にまで進出すれば、どのように見られるか。

ソフトバンクグループのベンチャーキャピタルで投資した新興企業をすべて、ナスダックに上場させる。

ソフトバンク系列の銀行が、公開前のベンチャー企業やそれら企業の公開後に融資する。そのような図式が見えてしまう。つまり、同じグループ同士だから、手心を加えたりするのではないかとつけ入れられる可能性がある。世間から疑われるような、風評リスクを流される危険性もある。

もちろん、北尾には、孫がなぜ、そのようなことをしているかもわかった。成長性のあるベンチャー企業、中小企業を、少しでも支援したいとの思いであった。

孫が、昭和五十六年に「日本ソフトバンク」を設立してから、店頭公開するまでに十三年の歳月がかかった。それだけ、ベンチャー企業を支援する態勢が整っていなかった。支援を受ける術は銀行しかなかったので、融資を受けられるかどうか、つねに汲々とせざるをえなかった。

公開する前まで、孫がもっとも恐れていたのは銀行の支店長であった。

孫は、自分につづくベンチャー企業には、資金面での苦労をさせたくはなかった。その思いは、北尾にも理解できた。しかし、それでもなお、北尾は、あえて孫に苦言を呈した。

「投資としてはたぶん儲かるかもしれないが、あなたのやりたいことは、デジタル情報革命なのではないですか。本丸を忘れて、あちこちに手を出してはいけません」

北尾が考える〝先見の明〟はどこから生まれたか

孫は、通信業で国内ナンバーワンであるNTTのような事業を手がけ、「一丁、二丁」と豆腐を数えるのと同じように、「一兆、二兆」と売上を数えられるようにしたいと語りつづけていた。

ソフトバンクの経理部、財務部、法務審査室、IR室、経営戦略室などを統括する常務取締役管理本部長の職にあった北尾は、孫の思いを実現させるため、平成六年から平成十一年までの五年をかけて十を超える大きな買収を手がけた。

資金調達は、資本市場からおこなった。新株の発行と社債、さらに、転換社債の三つをさまざまに駆使した。それは、厳しい選択でもあった。資本市場からの資金調達は、さまざまな投資家を相手にするということでもある。彼らの眼は、時として、銀行よりも厳しい。投資してもらうためには、つねに優良企業であることをしめさなければならなかった。

いっぽう、ソフトバンクの役員のなかでも、孫の意見にもっとも反対したのは北尾であった。孫が、グウの音も出ないほどに批判したこともあった。

役員たちも、北尾にいった。

「孫社長は、北尾さんのいうことを一番聞きますね」

孫には、経営者としてそれほど得意ではない点もいくつかある。孫は、ソフトバンクをゼロから起業したので、ベンチャー企業のことはよく知っている。しかし、十九歳から社長であった孫には、下にいる者の気持ちを掴みきれないところがあった。組織づくりも、組織をよく知らないゆえに、うまいとはいえなかった。

さらに、孫は、新たなことを思いつくと、とにかく実行に移す。このひとは……と思う経営者にもすぐに近づいて教えを請う。孫は、人当たりがよく、話しぶりも小気味いい。誰にでも好かれた。手助けも受けた。

が、いったん、ほかに関心が移ると、これまで足しげく通ったのが嘘のように、手助けを受けた経営者にまったく寄り付かなくなる場合もあった。それまで応援した者にしては、いきなり孫からの音沙汰がなくなる。そうしたときは、よけいに孫の身勝手なふるまいが強く印象として残ってしまう。

東洋思想では、「中庸《ちゅうよう》」の大切さを説く。どこに偏ることなく、調和がとれることが非常に大切なのである。また、その場その場での関係ではなく、これまでのすべての縁を大切にすることも大事である。そうすれば、孫正義という経営者はもっと大きく成長できるにちがいない。

平成十年九月、ソフトバンクは、持株会社制の導入を決定した。各事業部門を子会社として分離独立することになった。この純粋持株会社化を背景に、北尾が統括していた管理本部は独立した。平成十一年四月にソフトバンク・ファイナンスとし、北尾は、社長に就任した。

北尾は、自分の目で、これはと思う海外の企業とジョイントベンチャーを設立し、公開までの布石を打ちつづけていた。特に、インターネットでの金融事業に力を入れていた。アメリカのイー・トレードにも事あるごとに視察に出かけていた。

金融系の企業をつくるプロセスでは、孫や経営陣にかならず意見を求めた。

「こうやれば、本業のメリットも、シナジー効果もあるのではないか」

ソフトバンクグループのなかでも、ネットでの金融事業はまだ目新しかった。そのころから、北尾は、何度も、川島らに、インターネットが金融と融合できることを話していた。

北尾は、平成十一年七月、ベンチャーズ・インキュベーション事業を目的としたソフトバンク・インベストメントを設立し、社長に就任。グループ企業の株式を、つぎつぎと公開し、その数は十社におよんだ。

北尾は、孫から、グループ企業設立のための資本金をあずかっていた。だが、運転資金、成長資金が、どうしても足りなくなる。かといって、孫に、資金の追加を頼むわけにはいかない。北尾には、ファイナンス部門を任された意地もあった。

そこで、金融グループ内企業をできるだけ早く株式公開できるような企業に育てあげ、株式公開することで公開益を取り、ほかのグループ企業の運転資金や、グループの成長資金にあてた。

ソフトバンクは、検索エンジンとして知られるヤフーの含み益を含めて、十分な金融資産を蓄積した。

ソフトバンクでは、次の戦略として、インターネット事業に経営資源を振り向けることが決まった。北尾は、インターネット・ビジネスの先導役であるソフトバンクの経営を通じ、また、多くのアメリカのインターネット・カンパニーと接した体験によって、インターネットに内在する強大な破壊力を実感していた。

インターネットは、低コスト、リアルタイム、マルチメディア、インタラクティブ（双方向性）、グローバルという五つの特性をもつ。

そのようなインターネットの特性は、金融業と非常に高い親和性がある。これほど、インターネットと相性のいい業種は、ほかにはないといっても過言ではない。

平成十一年十月、株式売買委託手数料の自由化とともに、イー・トレード証券（現・S

ＢＩ証券）が、ネットによる株式売買取引をはじめた。北尾は、インターネット株式取引に一気に打って出た。同業他社と同時にスタートを切れたことが、ＳＢＩ証券を、インターネット証券で取引高一位とした。北尾の先見の明があったからこそできた。

さらに、ＳＢＩ証券がナンバーワンの位置にいるのは、顧客本位で徹底的に考えるからである。顧客本位で考えれば、さまざまな手数料がおのずと下がっていく。当然、ＳＢＩ証券の収益が減る。その収益が減った分をどう補うか。北尾は、そこまで考えて、手を打った。

ライブドア堀江貴文攻略の真相

平成十七年二月八日、インターネット関連会社ライブドアが、ニッポン放送株を時間外取引で取得した。

取得したのは、ニッポン放送が発行している株式の三五％にあたる。

ライブドアの目的はあきらかであった。フジテレビである。フジテレビ株二〇数％を所有する筆頭株主であるニッポン放送の株を三分の一以上確保していれば、フジテレビへの発言権が強くなる。役員を送りこむこともできる。

ニッポン放送は、対抗策として、フジテレビに対して第三者割当増資をおこなった。そのことによって、ライブドアが所有する株式の全体のパーセンテージを減らし権限を抑えようとしたのである。

だが、それも、東京高裁によって違法だとの判決がくだった。フジテレビは、窮地に追いこまれた。

主幹事証券である大和証券を通じて、ソニーの出井伸之らに救いをもとめた。しかし、誰も、火中の栗を拾おうとはしなかった。

北尾は、そんななか、ホテルオークラの一室で、フジテレビ社長である村上光一と会った。

北尾は、あえて、義理も、深いつながりもないフジテレビを支援すべく名乗りを上げたのである。

中国の孟子がいっているように、戦いに勝つには、「天の時」「地の利」「人の和」が必要だ。さらに、孫子がいっているように、「勢い」も大切である。これら四つがあれば、勝利を奪い取ることができる。

〈いつ出て、どのような戦術でもっていくか〉

もっとも効果があるやり方を模索した。

平成十七年三月二十四日、フジテレビジョンとニッポン放送は、SBIグループのベンチャーキャピタル、ソフトバンク・インベストメント（現・SBIホールディングス）と提携した。ニッポン放送の保有する一三・八八％分のフジテレビ株を、ソフトバンク・インベストメントに貸した。

このことで、ソフトバンク・インベストメントは、フジテレビの筆頭株主になったと発表した。

北尾は、いわゆる、〝ホワイトナイト〟に名乗りを上げたのである。

北尾は、さらに、記者会見で語った。

「そんなに、企業文化がちがうのを嫌って、ニッポン放送を辞めたいひとがいるのであれば、われわれでつくったファンドの資金で第二ニッポン放送をつくればいい」

さらに語った。

「人材を第二ニッポン放送でそっくり引き受けられれば、放送のために必要な免許を取得するのもむずかしいことではない。あるいは、新たなファンドで、ニッポン放送でもっとも価値ある部門を買い取る」

北尾は、それからというもの、タイミングを見計らい、マスコミにむけて発言した。北尾の発言が載るたびに、ライブドアの株価は、数十円、数百円とジリジリと下げていった。北尾の戦略は、みごとに功を奏した。

その道のプロは、北尾の手腕を褒めたたえた。

「北尾さん、みごとなシナリオですね」

放っておけば、ライブドアは、どうにもならないところまで落ちるはずであった。

ところが、ライブドアが、思わぬことを突いてきた。

日枝久会長の自宅は、フジテレビ本社を建設した鹿島建設の親密業者によって新築されたと、「便宜供与」の疑惑がかけられた。

このことで、日枝は、表舞台に出てこなくなってしまった。フジテレビの腰が、砕けそうになった。

それでもなお、北尾の優位は、変わることがなかった。

しかし、フジテレビをのぞいたテレビ局は、北尾を敵対的にあつかった。フジテレビが敵である他局にとっては、敵を救おうとする北尾もまた、敵であった。

それらのテレビ局が、北尾の会見を流すときにはいつも、編集によって、高圧的とも見える態度をとる北尾のみを映した。

ただ、北尾は、そのことを気にもとめなかった。

むしろ、高圧的な態度が流れることのほうが好都合であった。北尾には、いかに戦わずして勝つかが命題であった。フジテレビ以外の局が流す北尾の映像は、北尾の恐ろしさを、堀江に見せつけるにじゅうぶんであった。

ライブドアとフジテレビは、平成十七年四月十八日、ついに和解を宣言した。

和解の条件は、三つあった。
1、ライブドアはニッポン放送株の発行済み株式数の三二・四%を保有する子会社、ライブドア・パートナーズをフジテレビに対し、債権も含めて六百七十億円で売却。
2、フジテレビはライブドアが実施する四百四十億円の増資を引き受ける。
3、フジテレビ、ニッポン放送、ライブドアが今後の業務提携に向け『業務提携委員会』を設置。
北尾は、みごとに、ホワイトナイトの役割を果たしたのだった。ソフトバンク・インベストメントも、その後、一時的にあずかったフジテレビ株式は、すべてフジテレビジョンに返却した。

ソフトバンク・インベストメントがフジテレビ、ニッポン放送と共同で設立したファンドは残っている。

当初出資金額は二百億円。さまざまな方法で運用しているが、かなりいい運用ができている。

ソフトバンク・インベストメントにとっては、堀江貴文率いるライブドア事件の一連の動きによって、ソフトバンク・インベストメントの名も、北尾吉孝の名も広まった。広告効果は、十分にあった。

北尾にしてみれば、まさに、「天の時を得た」タイミングであった。ライブドアのニッポン放送株買収という一件は、大きな転機となった。

しかし、北尾の妻は、迷惑顔であった。

「もう、二度と、こんなことをしないでください」

北尾が住んでいるマンションの前には、毎日、十台以上のマスコミ関係の車が殺到した。同じマンションに住むひとたちに迷惑をかけることに、妻は、もっとも気をつかっていたのである。

ことがすべて終わったある朝、ソフトバンク社長である孫正義から電話が入った。

「北やん、ホリエモンが、北やんのこと、恐いといってたよ」

「ホリエモンが？　どういうことですか」

孫は、北尾に、くわしく説明をはじめた。

その前夜、孫は、ホリエモンこと、堀江貴文と食事をともにしたらしい。ゴールドマン・サックス社長である持田昌典が間に入ってのことだった。

その際に、堀江が、孫に、本音を打ち明けたらしい。

「北尾さんは、恐いですわ」

北尾は、ホワイトナイトとして名乗りを上げることは、その当日に孫に話した。孫からも、その後とくに、そのことについて北尾に話をすることはなかった。

北尾は、そのころ思っていた。

〈そろそろ、ソフトバンクとの資本関係を切らざるをえないときがきた〉

北尾は、証券だけでなく、金融のあらゆる分野で、トップクラスの会社を傘下に有する金融コングロマリットを作り上げたいと考えていた。そのためには、ネットを通じた金融業は、証券業だけでなく、銀行業、保険業にも進出しないかぎり、事業として完結しない。

北尾は、自分が進出した事業が成功すればするほど、そうした思いが強くなっていった。

ソフトバンクファイナンスの傘下で、ベンチャー投資、運用、証券などを営む公開企業をいくつもかかえた総合金融グループを志向し成長するからには、時として、本体であるソフトバンクの意向にそえない。

そうなると、ソフトバンクの役員としての帽子と、同じく一部上場企業であるソフトバンク・インベストメントの帽子を両方ともにかぶることに、かなり窮屈さを感じるようになってきた。

ソフトバンクは、ＡＤＳＬ事業を推進するために、平気で三年連続で一千億円程度の赤字を出す。折悪しく、ヤフー！　BBの顧客情報漏えいも発覚した。あおぞら銀行を三年以内に売却したという経緯もある。あまりにもチャレンジングなソフトバンクの子会社でいたら、金融の企業生態系をつくりあげるべく、銀行、生保、損保の三業務に進出しようとしても、管轄省庁である金融庁が、免許をおろしてくれない可能性は高い。公開企業として独自の資金調達もできなかったり、条件が不利になることもある。

北尾は、孫に、ソフトバンクグループの傘下にあってはファイナンス事業の発展はつづけられないことを正直に語った。

すべてを聞き終わった孫は、北尾が思ってもみなかった言葉を吐いた。

「申し訳ないな、北やん、苦労をかけて」

その言葉は、なかなかいえるものではない。さすが、一介のソフトウェア卸会社から、ここまでソフトバンクを成長させた孫である。その器の大きさを、北尾はあらためて思い知った。

いっぽう、孫は、ソフトバンクからの離脱を呑む代わりに、ひとつだけ条件を出してきた。

「北やん、一カ月に一回、かならず一緒にメシを食ってくれないか。それで、おれの相談に乗ってくれんか」

北尾へのひと言は、まさに孫の面目躍如だろう。

ネットとリアルを融合させる

平成十七年七月、ソフトバンク・インベストメントは、SBIホールディングスに商号を変更した。

SBIホールディングスは、証券、銀行、保険の三業を保有するメガバンクの持株会社とまったくちがう。

サービスをすべてネットを通じて提供する。リアルな企業のように、不動産費と人件費というコミッションがかからない分だけ、手数料や保険料を大幅に低くおさえることができる。つまり、価格破壊ができる。しかも、企業ごとにシナジーが相互間に働く仕組みをつくりあげている。

平成十八年八月、SBIホールディングスは、ソフトバンクの持分法適用関連会社からはずれた。ソフトバンクから、独立したのである。

グループ会社の株価にも、悪影響をあたえることはなかった。外から見ても、自然の成り行きとして見られていたのではないか。よい意味で「分離」ができた。

事業持株会社であるSBIホールディングスの下には、SBI証券や住信SBIネット銀行が並列的にぶらさがっている。

野村證券時代から北尾についている川島克哉は、ＳＢＩホールディングスの役員にも名を連ねていた。

月に一度開かれる役員会では、月次報告を受けたりするいっぽうで、グループ全体を見渡した話題が繰り広げられる。

「川島のところの銀行と、井土のところの証券で、この仕事をうまくやったらいいんじゃないか」

ネット銀行とは関係のない案件も、その役員会で聞くこともある。だが、そのような話を通じて、情報共有、伝達の場としての機能もある。新たなビジネスを考えるヒントを得る場合もある。

北尾は、野村證券を、古い時代の企業と見ている。

野村證券の主だった客層は、五十歳以上である。ＳＢＩ証券のおもな顧客層である二十歳代、三十歳代が、一度、ＳＢＩ証券で口座を開設すれば、わざわざ手数料の高い野村證券に口座を開設するわけがない。

野村證券は、年齢層の高い顧客を抱えたまま、三十年後には五十歳代の顧客は八十歳代となっている。

野村證券の場合、いまや悩ましい立場にいる。ネット証券にも本格参加をしたいかもしれないが、多くの社員を抱えた状態で、収益が激減することになってしまうからである。しかも、これまでのまま従来の方法で取引をしていれば、顧客から指摘されてしまうかもしれない。

「同じ取引なのに、どうして、ネットは手数料が何十分の一でできるんだ」

野村證券は、葛藤にさいなまれることになるかもしれない。

哀しいかな、野村證券の社長はサラリーマン社長であるがゆえに、どうしても視点が短期的になってしまう。目の前の利益が優先される。日本の経営者のよさは、長期的にものを考えられるところだとかつてはいわれていた。

しかし、いまは、そうではない。

ＳＢＩホールディングスのメインターゲットは、ＳＢＩ証券を見てもわかるように、顧客の七割以上を二十歳代から四十歳代で占める。資産形成期にむかうこの世代は、インターネットに対する抵抗感がない。

それは、将来的に、強みとなる。

ただし、ひとりひとりが動かす投資金額は、従来どおりの取引をしている個人投資家のほうが大きい。また、リスクが高く説明を要する商品では、ネットでの販売は不向きである。

北尾は、ことあるごとに口にしている。

「ネットとリアルを融合しなくてはならない」

北尾の基本的な考えである「顧客中心主義」を貫くためにも、リアルとネットの両方をグループで持ったほうがよい。

しかも、ＳＢＩ証券は、将来、証券会社でのトップスリーを目指す。ほかのネット証券企業は、所詮、ネット証券のなかでどの位置にいるかしか考えていない。

従来の取引方法で投資する投資家と、ネット取引をする投資家、いずれも狙える企業は少ない。

北尾は、事業拡大のために、素晴らしいパートナーと次々と手を組んだ。

たとえば、ＳＢＩホールディングスは、ネット銀行設立のためのパートナーを選ぶのに、いくつかの銀行と交渉を進めた。

だが、交渉はなかなか進まなかった。

交渉相手の財政状況が見た目よりもよくないとか、交渉相手の出している条件では利益が上がらないとか、どの銀行も、一長一短で、条件が整わなかった。ＳＢＩホールディングスのほうから断っていた。

そんなおり、北尾は、住友信託銀行の経営陣が、ネット銀行に興味をもっているとの情報を得た。ＳＢＩホールディングス社員のひとりが、住友信託銀行につとめる知人を通じて、住友信託銀行の経営陣に打診したのである。

北尾としても、住友信託銀行と聞いたときに、直感めいたものが働いた。住友信託銀行は、意思決定が早く、買収も素早くおこなう〝ユニークな銀行〟というのが、北尾が抱いていた印象であった。

「話を進めよう」

さまざまな試行錯誤のうえで、現場からの声を尊重した形である。

ただし、交渉の場に、いきなり北尾が出ていくことはなかった。まずは、たがいの現場社員たちに話をさせた。

あくまでもボトムアップの形をとって、あるレベルまで達したときにはじめて森田豊社長との交渉の場に出た。

森田社長と会ってからは、ネット銀行設立準備会社を設立するまで、たいして時間はかからなかった。

印象どおり、さすがに意思決定が早い銀行であった。

信託銀行は、往々にして、顧客の年齢層が高い。住友信託銀行としても、ＳＢＩホールディングスとの提携を通じて、より若い層の顧客を取り込みたいとの狙いがあった。

平成十七年十月には、住友信託銀行とネット銀行設立準備会社を設立した。出資比率は両社五〇％で資本金は二百億円。平成十九年九月十八日に銀行営業免許を取得、九月二十四日から営業を開始した。

北尾は、ネット銀行を通じて、新しい取り組みも考えていた。米国流のホームエクイティローンもそのひとつである。

住宅ローンを返済している顧客が、ある程度まで返済した時点で、ローンは減っているいっぽうで、住宅の価値は上がっているケースをみてみる。

そこで、その住宅を担保にして融資する。これまで、日本の銀行は、土地を担保にした融資はおこなってきた。その常識を覆し、住宅そのものを担保にした融資方法である。このようなサービスをおこなっている銀行は、日本にない。

日本の銀行は住宅ではなく、土地を担保に融資をまとめてきた。しかも、融資対象はあくまでも企業が中心であった。

その理由のひとつとしては、日本では、住宅の価値がどれほどかを見るだけの経験も、力量もなかった。

そこで、ＳＢＩホールディングス、および、グループ運営ファンドは、住宅も査定するノウハウをもつ不動産担保ローン会社セムコーポレーションを買収した。

生命保険会社では、平成十八年十月にアクサジャパンホールディングとSBI生保設立準備会社を設立した。もともとは、別会社と話を進めていた。だが、最後の最後で出資シェアで折り合わなかった。

先方が、「いまだかつて、過半数を取らないジョイントベンチャーはない」と、過半数をとることを主張したのである。

北尾も、出資比率で妥協するつもりは一切なかった。

結局、その生命保険会社との提携は流れた。そこで、アクサジャパンホールディングと交渉したところ、アクサジャパンホールディングは、出資比率にはそれほどこだわらなかった。SBIホールディングスが六〇%、アクサジャパンホールディングが四〇%の出資でジョイントベンチャーを設立した。あとから、ソフトバンクが五%を出資して参入した。

SBIホールディングスは、あいおい損保とも、平成十八年三月二十八日に提携。SBIホールディングスが六六・六%、あいおい損保が三三・四%の出資でジョイントベンチャーを設立。

その後、ソフトバンクに、五%持ってもらった。

北尾は、かねてから、シナジーをグループの各構成企業間で生むように設計されたグループ企業の成長ポテンシャルの高さを強調しつづけてきた。

成長ポテンシャルは、単一の経済主体としてとらえた企業にくらべると、こうしたグループ企業ははるかに大きい。

ＳＢＩホールディングスは、単一の企業ではとても成しえないシナジー効果と相互進化を追求していく。

先んじることがすべてだ

たとえば、松井証券にしても、マネックス証券にしても、いち証券会社にすぎない。だが、ＳＢＩ証券は、七〇超のＳＢＩグループ企業のなかのひとつにすぎない。グループ構成企業がそれぞれシナジー効果を生むような企業生態系をつくりあげることで、大きな成長ポテンシャルを得ることができる。

その北尾がつねに注意して見ているのは、アメリカやヨーロッパの動向である。

日本の規制緩和は、アメリカとくらべて十年遅れていた。欧米ができて、日本ができていない理由が、単に規制緩和がネックになっているというのならば、その不合理な面はかならず解消される。その確信のもと、北尾は、まだまわりが出ないうちにあえて進出した。

それが、人より先んじる方法であった。先を行くマーケットの変化を先取りし、精力的にインターネット金融事業を拡大していった。

いまや、金融業だけでなく、不動産業の生態系も大きくなっている。たとえば、家を購入したいというとき、「物件を探す」からはじまり、「建てる」、「ローンを組む」、「管理する」、「保守する」といったサービスが必要になる。住宅ローン、火災保険、地震保険といった金融関連だけではなく、SBIホールディングスなら、そのすべてを紹介できる。利用者がいちいち調べるのではなく、SBIホールディングスの傘下にあるサービス企業や提携企業が手配する。

そこまで完結できる体制をとるグループ企業は、いまのところない。

ほかは、グループとなっていても、それぞれの会社がそれぞれに動いている。うまくリンケージをもって動いているわけではない。

北尾は、SBIホールディングスの時価総額が四千億円に達したころに語った。

「合算で、三年後に三兆円、五年後に五兆円をめざす」

実現できるかできないかは別として、数字を掲げておくことに意味がある。少なくとも、相場がよくなれば、そこにいけるまでの土台をきちっとつくっていく。

SBIグループの合算時価総額は、ライブドア事件が起こる前には、二兆六千億円にまで上がった。ライブドア事件後にはふたたび下がり、一兆円ほどまでになってしまったが、その時より業容も収益力もはるかに拡大している。

北尾は、ＳＢＩホールディングスに勢いがあるいまだからこそ、戦略的な、思い切った手をいろいろと打っていく。それを怠ったら、勢いが止まってしまうとさえ考えている。しかし、その際、大プロジェクトばかりをつづけていけば、経営が不安定になる。勢いをつけるための大プロジェクト、勢いを維持するための小プロジェクトをうまく散りばめていく。

そのバランス感覚は、証券業というリスクの世界に生きた者の、ひとつの動物的感覚だと北尾は思っている。

北尾は、つねに尋ねる。

「マックスのリスクは、どれくらいなの？」

リスクとリターンがかならずつくのが金融商品であるので、つねにバランスを上手にとっていく必要がある。すべて失敗したとしても、どこまでだとはっきりしておく。もしもそのリスクの度合いが、想定していたよりも何倍もの損になったとすれば、まさに屋台骨が揺らぐ。

顧客も離れる。

北尾が見るかぎり、銀行の出身者は、その感覚はどちらかというと薄いかもしれない。

銀行は、日本の土地神話が生きているころには、つねに床の間に置かれた状態であった。土地を担保にしているのでリスクをとる必要がなかったからである。

証券業者は、そういうわけにはいかなかった。損するときには思い切り損して、利益が上がるときにはわずかといった実績しか上げられなければ、顧客はかならず逃げていく。どんな不況下でさえも、いかに顧客に満足してもらえるか。損させる部分をなるべく小さくして、利益を上げられるときに、できるだけ多く利益をあげなくてはならなかった。

SBIホールディングスは、開業間もないネット銀行、生保、損保が、ある程度の形になると、布石は終わる。その打ち終わった石ひとつひとつが、しっかりとしてくれば、グループ全体としても大きな企業グループとなる。

生保、証券、銀行、損保にすべて進出しているグループは、SBIホールディングスのほかにもいくつもある。しかし、どのグループ企業も、ユーザーが複数のサービスを違和感なく統合して利用できる、いわゆるシームレスでワンストップの体制にはなっていない。

重要なのは、いかにグループでシナジー効果をもたらすかである。シナジー効果を上げるようでないと、グループとして機能しない。証券単体で勝負するか。

それとも、グループとしての展開で考えられるか。そのちがいは、時間の経過とともに、ボディブローのように効いてくる。

北尾は、東南アジアや中東の幾つかの銀行や企業に提案した。

「あなたのところも、うちの企業生態系をコピーして、同じものをつくったらどうですか」

SBIホールディングスは、グループのさまざまな会社のビジネスモデルから、各サイトについてのノウハウすべてを提供する。いわゆる、ASPのモデルである。いくつかの銀行と交渉を進めている。

SBIホールディングスが、ノウハウを提供し、現地で設立する企業の株式を何%か保有する。

また、SBIホールディングスとしては、ノウハウを提供する企業の売上に応じて、何%かを収益とすることができる。その銀行にとっても、プラスになる。さらに、そのことによって、その国が発展することになる。

SBIホールディングスが生態系を広げていくうえで、ベトナム、中国、インド、ロシア、アブダビといった他国ともつながりをつくっていける。それらの国で足りないものはといえば、経済力や技術力である。

SBIホールディングスは、それらの国に足りないものを提供できる。もしも日本に投資するよりも大きな果実を得られるのなら、積極的に海外進出をおこなう。

北尾は、よく語っている。

「日本の産業を育てるだけにとどまる時代は終わった。これからは、世界の産業を育てていく時代だ」

そんなおり、毎年一回、スイスのダボスに各国の政治・行政・経済のトップが集まり開催されるセミナーであるダボス会議の主催者である世界経済フォーラムから提案があった。

「世界の成長企業五百社、日本から二十社ほど、中国百社程度を選んで、成長企業のダボス会議のようなものを開催するのですが、SBIも参加しませんか」

北尾は、ダボス会議そのものには、それほどは興味がない。しかし、次世代を担う五百社もの世界の成長企業が集まる経営者会議には興味がある。「ワールド・エコノミックフォーラムオングロース」と呼ばれる会議は、平成十九年九月六日から八日にかけて、中国の大連で開かれた。

成功体験は過去のこと、すべてを捨て去れ

北尾は、以前、イトーヨーカ堂創業者の伊藤雅俊に、ある資料を見せてもらった。興味深い資料であった。

アメリカで調査した、創業者が経営する会社と、サラリーマン社長が経営する会社を比較していた。

みごとに、ちがいがあきらかになっていた。サラリーマン社長が経営する会社は、長い期間を経て下降線をたどる。サラリーマン社長の会社は、かならずしも優秀な人材が頂点に立つわけではない。そのうえ、優秀な人材が頂点に立ったとしても、その間の権力闘争で疲弊してしまう。

それに対し、創業者が経営している会社はあきらかに右肩上がりで伸びていた。やはり、創業者のエネルギー、創業者のカリスマ性、まわりを引っ張る力、意思決定の速さ、それが生きている。

北尾は、経営理念に掲げた項目のひとつに「自己進化」がある。自己否定して、自己変革して、進化していく。そうしないと、過去の成功体験につねにあぐらをかいてしまう。そうなると、かつていわれた「会社三十年説」のとおり、三十年ほどで会社は終わってしまう。

だから、成功体験は、過去のことと、頭のなかからすべて捨て去らないといけない。

北尾は、自著『進化し続ける経営』で、はっきりと、自分の考え方がまちがっていたことを書き記した。

それまで、北尾は、キャッシュフローこそが価値創造の源泉であると説いた。

しかし、その後、企業価値についての多くの書籍を書いたり、実際にネット企業を経営したり、数多くの投資先のネット企業の経営実績を見てきた。その結果、自分の企業価値の定義が不適当であるとわかった。

新たな定義のヒントとなったのは、ハーバード大学のR・S・キャプラン、クレアモント大学のD・ノートンのふたりが書いた「バランスト・スコアカード」であった。

ふたりは、現行の財務諸表上では、ブランドやそのほかの知的資本という無形の「ソフト」の資産価値がまったく考慮されていない、すなわち、ゼロとして扱われているという問題定義に対するひとつの解答を示した。バランスト・スコアカードに、従来の財務指標にくわえ、顧客、社内のビジネスプロセスおよび組織の学習と成長を評価する指標をふくめた。

このことにより、伝統的な財務指標は、過去の成果を示すだけで、将来キャッシュフローを生み出す企業行動が反映されていないという欠点を補おうとした。

そこから、企業価値とは、顧客価値、株主価値、そして、人材（役職員）価値の総和とした。

自分で自分を否定することで、北尾自身も進化していることを示した。あくまでも、自分を否定する力をもっていれば、いわゆる、大企業病にはならない。

大企業病は、外向きのエネルギーよりも内向きのエネルギーが強くなることによって陥る。派閥闘争に明け暮れるひとが増えると、企業体は発展を止めてしまう。

北尾は、平成十八年五月、ＳＢＩユニバーシティを設立した。

志あるビジネスパーソンを対象に、日本及び世界の経済・社会に活力をもたらす「有為な人材」を育成することをその活動の主眼とする。人材教育、研究業務、講演会、セミナーをおこなう。平成十九年十一月、文部科学省よりＳＢＩ大学院大学の設置認可が下り、平成二十年四月からは社会人経験者を含む幅広い層を対象に授業を開始している。

北尾は、経営者にとって非常に大事な要素のひとつが、プレゼンテーション能力であると思っている。考え方自体はどんなにひとを納得させるほどのものであっても、伝え方がうまくなければ、納得させるものも納得させられない。

さらに、わかりやすさにくわえて実行力。社員は、経営者の発言や行動を見ている。発言したことを行動に移す。

そこで気をつけなくてはならないのは、発言したことを、なんとしても実現しなくてはならないと思いすぎないことである。やってみせると発言したものの、実現できないことはある。それを無理に実現しようとすれば、ゆがみが生じる。次への発展のためには、それよりも、一度立ち止まり、それまでの足取りを総括してみることである。そのことでふたたび、まわりと一致団結できる。

日本社会、日本経済のなかで、ＳＢＩホールディングスは、地位やステイタスの向上をつづける。だが、北尾は、その地位やステイタスに乗っかったエスタブリッシュメントな会社にＳＢＩホールディングスをしようとは思ってもいない。いずれは、野村證券のシンクタンクである野村総研に匹敵するＳＢＩ総研をつくりあげる。

〈つねに活きがよく、革命的なことを起こす企業体を目指す〉

北尾は、野村證券で学んだことを発展させ、ソフトバンクで学んだネットの世界とミックスし、北尾のビジネス世界を築きあげることに邁進しつづける……。

北尾は、現在も、ＳＢＩホールディングスの代表取締役社長ＣＥＯを務めている。

平成二十年四月には、学校法人ＳＢＩ大学が設置するＳＢＩ大学院大学が開学した。

北尾は、ＳＢＩ大学院大学の学長を務め、日本経済の健全な発展のみならず、国際的な場においてリーダーシップを発揮することができる後進の人材育成にも取り組み始めた。

さらに、北尾率いるＳＢＩグループは、現在、様々な分野で事業を展開している。

ＳＢＩ証券や住信ＳＢＩネット銀行、ＳＢＩ損保など、金融商品や関連するサービス・情報の提供などをおこなう「金融サービス事業」のほかに、国内外のＩＴ、バイオ、環境・エネルギーおよび金融関連のベンチャー企業などへの投資や資産運用に関連するサービスの提供などをおこなう「アセットマネジメント事業」、医薬品・健康食品・化粧品などにおけるグローバルな展開をおこなう「バイオ関連事業」を主要事業と位置づけ、事業を展開している。

サイバーエージェント
代表取締役社長

藤田晋

第5章

組織として最も必要な
五つの能力を備えた男

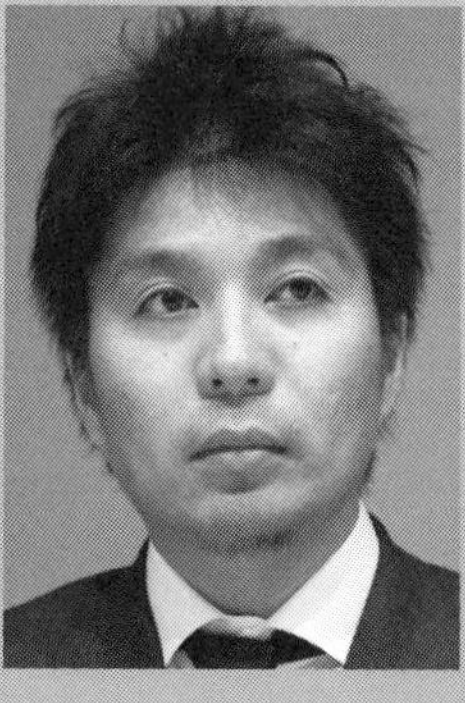

男の強さは、われ逃げず、われ許さず、われに妥協せず

サイバーエージェントの藤田晋は青山学院大学時代、雀荘に入り浸り、二十年間不敗であったという伝説の桜井章一が主宰する麻雀団体「雀鬼会」に所属。そこで、桜井の言葉から今日の礎となった多くの「決断する力」を吸収することになる。


「真実を感じ取れる崇高な心の目を育てる」

「体験した者のみが知っている真実」

「勇気と慎重を同時に出せると、そこに強さがある」

「熱心はそこそこにすぎない。真剣こそが、わが道を知る」

「男の強さはわれ逃げず、われ許さず、われに妥協せず」


この麻雀の極意は、やがて藤田にとって、ビジネスでの戦いにも大いに生きているのだ。

藤田は、堀江貴文とも組んで、ビジネスを展開するが、堀江の飛躍に対し、「勇気と慎重を同時に出せると、そこに強さがある」の教えに徹し、着実に実績を積んでいった。

藤田に会った時の話で、わたしに強く印象に残っている光景がある。

藤田は若い日、恋人とフジテレビの側を車で走りながら、ささやいた。

「オレも、フジテレビに負けないくらいのテレビ局をつくってみせる」

恋人は彼を誇大妄想狂とでも思ったか、彼から去っていくが、藤田はその時のささやきを決して忘れていなかった。

勇気を出して、現在、日本初のインターネットテレビ局「ＡｂｅｍａＴＶ」を起こしたのである。

「男の強さはわれ逃げず、われ許さず、われに妥協せず」

この姿勢を貫き通している。わたしも「ＡｂｅｍａＴＶ」に出演することがあるが、既成のテレビ局にない自由さがある。このテレビ局がさらに化けるのを楽しみにしている……。

「江副学校」の門下生

サイバーエージェント社長の藤田晋は、昭和四十八年（一九七三年）五月十六日、福井県で生まれた。サラリーマンの父親と母親、姉がいるごく平凡な家庭に育った。

中学のときからバンドを組み、リードボーカルを担当していた。

夢を抱いていた。

〈将来はミュージシャンになる〉

高校は県内でも有数の進学校に入学した。

高校に入ってから、ロックミュージシャンにますます強く憧れた。常に熱いほどのスポットライトを浴びながら、観衆に向かって自分が歌いかける姿を夢見た。自己表現への狂おしいまでの衝動に突き動かされ、心の中で叫んでいた。

〈おれは、かならずミュージシャンになってみせる、その他大勢の中に埋没したくない！〉

そのころの仲間には、のちに東芝ＥＭＩからスーパー・バター・ドッグというバンドでデビューを果たす沢田周一、竹内朋康がいた。

高校三年に進んだころ、音楽の才能がないのではないだろうかという悩みから、藤田は音楽を捨てる。

そのいっぽうで、ふつうに大学を卒業して社会人になっていく先輩たちも、およそ活き活きしているようには映らなかった。

組織の歯車となって埋没している、いわゆるサラリーマンは性分として、自分には耐えられないように思われた。

悩んだ挙げ句、藤田は会社を設立して、ビジネスの世界で戦い抜く覚悟を固めていく。

それも、街中にある中小企業ではない。トヨタやソニーといった大企業に負けぬほどの大きな会社を築き上げたい。

藤田は決意した。

〈そのために、まずは東京に出ねばならない、東京の大学に合格することだ〉

そして、平成四年（一九九二年）四月、青山学院大学経営学部に入学。が、文系の一、二年生が通う神奈川県厚木にあるキャンパスの近くにある雀荘に毎日のように入り浸り、麻雀は相当の腕前になった。

藤田はある雀荘のオーナーに筋のよさを買われ、フリーで入ってくる客相手に卓を囲む、対局のアルバイトするようになった。

ただし、バイトといっても、客にわざと花を持たせるような真似はしなかった。真剣な駆け引き、それが売りの店だった。くる日もくる日も、深夜まで牌を片手に神経を擦り減らす真剣勝負の連続であった。

体力的にも精神的にも、疲労困憊する。が、それ以上に、配られた手牌から「上がり」をイメージし、素早い判断でリーチをかけ、相手を徐々に追い込むおもしろさが、藤田を虜にしていった。のちに、藤田が入る流れの速いネットビジネスの環境はまさに麻雀の世界と似ている。

藤田は平成六年（一九九四年）の初夏、港区の表参道にある小さな広告代理店グロリア（仮名）を訪ねた。

グロリアは、元リクルートのスタッフ四、五名が二〇代後半のころに起こした社員三十人ほどのベンチャー企業であった。社長は藤田と年齢が十歳も離れていない。上下関係をあえてつくらない社風のせいか、経営陣もバイトも仲がよい。

藤田もいわば、「江副学校」の流れの一員といえよう。

ここでの藤田の働きぶりは、経営陣を驚かした。

「おまえの営業は、天才的だ」

グロリアの社長は、自画自賛していた。

「多くの会社がつぶれている中で、わが社は年間十億円もの売上を上げただけでも、すごいことなんだ」

しかし、藤田はクールに分析していた。それ以上、売上が伸びない点のほうが気になっていたのだ。

売れ筋のものに何でも手を出していることに大きな原因がある。手を広げることで、売上は上がる。

が、企業自体の底力には結びつかない。

もしも独自の力を発揮するのであれば、ほかのことは捨てきり、一つのビジネスモデルに集中するしか方法はない。

そのことによってしか、十億円の売上を百億円、一千億円にまで伸ばすことはできない。

〈残念ながら、グロリアの経営陣は、自分たちの手を出したものを捨てきって勝負を賭けるだけの決断力に欠けている〉

卒業を前に、藤田はグロリアの重役たちに誘われた。

「藤田君、おれたちは独立して新しく会社を起こす。うちに、正式に入社してくれないだろうか」

悩んだ末、藤田は思った。

〈会社を設立するためには、ほかの会社も見ておいたほうがいいのではないか〉

ただし、すでに組織を構築しきった企業には興味がなかった。発展途上のベンチャー企業に入って、組織とはどのようにつくり上げられていくのかを身近で見ることが、起業するのに、もっとも近道になると判断したのだ。

平成八年（一九九六年）の夏、藤田は就職のため、人材派遣会社のインテリジェンスを訪ねた。

インテリジェンスは、平均年齢二十四歳という若さの社員と、三十三歳の宇野康秀社長によるフレッシュで、社員全員が真摯に仕事に立ち向かう姿を感じさせてくれた。給料もペイ・パフォーマンスを基本とした半年俸制であった。

徹底した実力主義・実績主義を打ち出している、起業家志望の若者が多く集まるベンチャーであった。

宇野康秀は、昭和三十八年（一九六三年）八月十二日、大阪市に生まれる。父親は、株式会社大阪有線放送社（株式会社ＵＳＥＮ）総業者の宇野元忠。明治学院大学法学部法律学科卒業後、起業することを前提に会社組織を勉強する目的で、株式会社リクルートコスモスに昭和六十三年（一九八八年）四月に新卒で入社する。

平成元年（一九八九年）六月にリクルート出身の鎌田和彦、島田亨らと独立し、人材派遣業・インテリジェンス（現パーソナルキャリア）を設立し、その代表取締役社長となる。順調に会社規模を伸ばしていた。

宇野も、「江副学校」の門下生であった。

宇野は、父親の会社の経営を継ぐ気はなかったが、のち平成十年七月に父親の元忠が病で急逝したことにより、インテリジェンスの社長を辞め、大阪有線放送の社長となる。同社は、平成十二年には当時社会問題となっていた電柱使用問題を解決させ、平成十三年に大証ヘラクレスに株式上場する。

藤田は最後の社長面接で、宇野社長に新規事業企画を提案した。

「わたしは、体験上、すさまじい数のあるベンチャー企業を一つ一つ訪問する非効率的な就職活動に不満を抱いています。デジタル放送の一チャンネルを買ってしまい、会社案内を一日中流すといったやり方はどうですか」

宇野社長は、その事業自体に興味を持ったかどうかはわからないが、笑顔を見せた。

「藤田君、それ、うちでやりなよ」

その返事が、内定であった。藤田は宇野社長に隠すことなく、本心を打ち明けた。

「わたしは、早いうちに独立し、ベンチャー企業がやりたいのです」

宇野社長は不快がるどころか、逆に奨励した。

「ぜひ、やるべきだ」

リクルート出身の宇野社長にとって、起業には寛容だったのである。

そのスピード感もさることながら、会社の雰囲気、社員の意識の高さ、経営陣の優秀さなど、藤田はこの会社がすっかり気に入った。すぐに入社することを決めた。

ひたすらネット事業に走る

平成九年（一九九七年）四月、藤田はインテリジェンスに入社。新卒の採用コンサルティングの仕事を担当することになった。

さまざまな企業に対し、大学生のリクルーティング活動について、どんな戦略を立てればいいか、提案していく仕事である。

「ビジネススタイルは、自分自身で決めろ」

それがインテリジェンスのポリシーであった。

藤田はついこの前まで学生だったことを逆手にとって、疑問に思い続けてきた企業の採用活動の問題点を人事担当者にぶつけてみた。

「学生は就職情報誌に載っている内容なんて、あまり当てにしてませんよ。会社はDMや葉書でコミュニケーションをとるばかりではなく、実際に学生と会う時間を最大限に増やすべきです。また、就職情報誌で並べられてしまう企業序列からも脱却し、独自の価値軸を学生に提示すべきではないでしょうか」

多くの者は、じつに真剣に耳を傾けてくれた。

「電話帳みたいに厚い紙媒体を何冊も送りつけ、葉書を書かせるのは、お互いに時間と紙資源の無駄です。いままでのような手間やコストをかけなくても、学生と会社が密接なコミュニケーションをとる方法があります」

「それは、どんな方法だい？」

「インターネットです」

特に新しいもの好きでなくとも、個人が自由に情報を発信できるＨＰや、時間と距離を気にすることのなく連絡のとれるメールは、携帯電話やポケベルと並ぶ、「新しいコミュニケーションツール」と見られるような時代になってきていた。

そして、藤田が誰よりも早く提案した「ネットを使った採用戦略」に、多くの企業が飛びついてきた。

企画書を提出した会社の大半から、採用活動とサイトのプランニング全般を任されるようになったのだ。

この手応えを受けて、藤田は考えた。

〈近い将来、確実にネット事業とそれにかかわる企画営業は、大きなビジネスになる。でかい市場になるかもしれない〉

また、宇野社長は社員たちを鼓舞した。

「この勢いで伸びれば、三年後にはトップに立つことも夢ではない！」

大風呂敷ともとれる、その言葉は藤田には新鮮だった。学生時代にバイトをしていた売上十億円で満足しているグロリアの経営者とは対照的だった。

宇野社長の背中を見ながら、藤田は思った。

〈トップの志は、そのまま組織の大きさに反映する。宇野社長の口にしていることは大風呂敷かもしれないが、その発言自体が全体を引っ張っていくんだ。おれも早く経営者になりたい〉

藤田は入社一年目にして、トップの営業成績を達成していた。新卒四百万円の給料で、五千万円もの利益を上げていたのだ。

同期の中でも、もちろんトップ。だが、藤田はサラリーマンとしての自分のスタンスにフラストレーションを感じはじめていた。

〈このままでは、本当の目標が見えなくなる〉

ちょうど、そんなときである。学生時代にアルバイトをしていた広告代理店グロリアで、クーデターが起こった。起業以来一貫してトップ三人によるトロイカ体制を敷いていた首脳陣の中で、ついに経営方針をめぐる対立が起きたのだ。一人の専務が役員会議で社長の解任動議を提出したものの、株式の大半を所持していた社長が、逆にその専務と彼に同調した役員二人を解任してしまったのだ。

藤田はその専務に電話を入れ、一緒に会社を起こすことを提案した。話はとんとん拍子で進み、いよいよ会社を起こすことが決まった。

藤田は、平成十年（一九九八年）一月、宇野社長に対しても伝えた。

「会社を設立することにしましたので、退職させていただきます」

その意志が強いとわかった宇野は、提案を出した。

「藤田の会社に、おれは出資するよ。ただし、二つの条件がある。一つはグロリア元専務ではなく、君が社長をやること」

それまで梃子でも動かなかった藤田の決意がぐらついた。

〈社長？　おれが社長になる？〉

起業の準備をしている過程で、藤田は社長になりたいと思い続けていた。自信家で強気なうえに目立ちたがりの部分もある自分が、他人の下でやることに若干の不安を感じていた。

宇野は、さらに話を進めた。

「君は、本当は自分自身が社長になるのがベストだと考えているのじゃないか？　元専務の彼は、優秀だが、もう三十五歳だ。これから会社を立ち上げるには、年齢的にもキャリア的にも、若い人の足を引っ張りかねない。冷静に考えて、彼とのパートナーシップは考え直してほしい。ビジネスの世界は君が考える以上にシビアなものだ。そして、もう一つの条件は、インテリジェンスの出資比率を五〇％にして、まずはイコールパートナーとして関係を保ってもらいたいということだ。もちろん事業内容について、わたしたちが口出しをするような真似はしない。君の自由にやっていただきたい」

この宇野の提案は、グロリア元専務と藤田の決裂を生んだ。

藤田がこの条件について話すと、元専務は反対した。

「インテリジェンスの出資を受けるのなら、おれは手を引く」

こうして、藤田はまず単身で会社を設立することになった。

藤田は、平成十年三月十八日、サイバーエージェントを設立した。資本金は一千万円。インテリジェンスの宇野が当初の条件であった出資比率五〇%をはるかに超える七〇%の七百万円を出資してくれた。あとの三百万円のうち、藤田が二百万円、インテリジェンス時代の同僚で、役員として参加した日高裕介が百万円出した。

週に一一〇時間働こう

藤田らは、スタートの日から、ネットベンチャーにただちに営業をかけた。

多くのネットベンチャーは、顧客の実態をつかんでいないと読んでいた。多くはネットさえあれば、営業せずとも商品が売れるものだと思い込んでいる。実際はそんなに甘くはないことに気づいていない。そのうえ、それらのネットベンチャーは技術力はあっても、営業は苦手としている。そのために、埋もれかけている企業もあった。営業代行をしている企業もほとんど存在していない。

藤田は社員に気炎を上げた。

「二年で、株式公開させるぞ！」

口に出すことで、自分自身を追い込み、鼓舞して大風呂敷も広げた。

「海外進出もするぞ」

さらに高校時代から心の底に秘めていた思いを口にした。

「いまは小さな会社だが、絶対にトヨタやソニーに負けない大きな会社にしてみせる！」

藤田と日高は、話し合っていた。

「週に一一〇時間は働こう。具体的には、ウィークデーの週五日は、一日一八時間。週末は、一二時間ずつ。起きている時間をすべて仕事に注ぎ込めば、二年で株式公開はできる」

が、日高は冷静であった。

「仕事は、何も時間がすべてじゃないよ」

「いや、何としても週一一〇時間を実現するんだ」

藤田も長い時間働けばいいものではないことはわかっている。しかし、自分を追い込めば追い込むほど突破口を開けると体で感じてわかっていた。それを実践に移したかったのだ。

日経新聞の記者から電話があったのは、ネットの営業部隊を探している企業などを中心に、アウトソーシングの注文を順調に集めていたころだった。

「インテリジェンスの方からのご紹介で、今度、取材をさせていただきたいのですけど」

「はい！　もちろんけっこうです」

指定された時間にはほかの予定が入っていたが、キャンセルして取材を優先したのだ。信頼されている新聞や雑誌などのマスコミに取り上げてもらうことが成長の近道と考える藤田は胸を弾ませた。

〈このチャンスを逃したくない〉

取材を受けてしばらくのち、藤田は日経新聞の朝刊に目を通していて、思わず声を上げた。

「うわッ、デカい！」

一ページすべてが、ベンチャー企業の紹介記事であった。その中で、なんと一ページの三分の二くらいの記事がサイバーエージェントに割かれていたのである。しかも、藤田など四人の写真つきであった。残りの三分の一は、他のベンチャー企業が紹介されていた。

〈この記事は立ち上げ期の会社としては、大変な広告効果があるぞ〉

掲載当日から、さっそくサイバーエージェントに電話がかかってくるようになった。藤田たちは翌日から、その記事のコピーを手に、あちこちをまわった。営業活動はかなり順調に進んだ。保険や健康食品といった会社まで営業代行を頼んできたほどだった。

しかし、藤田は社員に釘を刺した。

「あくまでもネットに特化することをコンセプトにしている。どんなに仕事が欲しいと思っても、ほかの業種の営業代行は断れ」

平成十年四月の終わりに、大いなる転機がやってきた。営業からもどってきた日高が、藤田に興奮気味に言った。

「バリュークリックジャパンっていうアメリカの広告とかを扱う会社なんだけど、そこが日本で代理店を募集しているらしいんだ。クリックされた実績で課金する広告システムで、向こうじゃ、とにかく売れまくってるらしい。おれたちも一刻も早く契約を結んだほうがいいんじゃないか」

バナー広告などが注目されている時期であり、藤田はすぐにバリュークリックジャパンに出向き、ジョナサン・ヘンドリックセン社長に会った。バリュークリックジャパンとの出会いがなかったら、サイバーエージェントの発展は、数年以上遅れていたかもしれない。

ヘンドリックセンは、とても気さくであった。流暢な日本語と、丁寧なプレゼンテーションは、もう何度も説明しているからか、わかりやすいものであった。藤田は、説明を受けて直感した。

〈これは、クライアントにちゃんと説明できれば、間違いなく売れる〉

その場で、販売を引き受けることにした。

「うちで売りましょう」

取引条件もその場で詰めた。ヘンドリックセンは、答えて言う。

「取り扱いマージンは、通常の広告マージンと同じ一五%。サイバーエージェントのうちへの支払いは前金でお願いします」

この数字は、当時同じベンチャー企業であったバリュークリックジャパンが出せる額としては適正であった。広告業界では、この比率は常識となっている。文句を言うような悪い条件ではない。が、前金という条件は、創業してから日が浅いサイバーエージェントにとっては、厳しいものであった。広告料金を前金で払ってくれる広告主は、ほとんどいない。

群雄割拠の時代の寵児

藤田は、ある化粧品会社をバリュークリック販売のため、訪ねた。はじめてセールスする会社である。十分にその会社を研究してから出かけ、懸命に説明した。

「クリック保証型なんです。つまり、これまでのように広告を出すことに対してお金をもらうのではなく、ユーザーを御社のサイトまで連れてきたら、課金するシステムなんです」

担当者は、話を聞いて声を弾ませた。

「こういうのを待っていたんだよ。よし、とりあえず五〇〇〇クリック分でいいかい？」

藤田は、長く広告営業をやっていた。が、こんなに簡単に話がまとまることはめったにない。さすがに驚いてしまった。

その後も、このサービスには、企業側がおもしろいほど飛びついてきた。藤田が営業にまわった会社では、その日のうちにほぼすべての担当者が、「契約しよう」と明快な返事をくれた。

サイバーエージェントは、バリュークリックジャパンのクリック保証型バナー広告をあつかう営業代行業者で、もっとも売上を上げるようになった。しかし、いっぽうで手数料の低さから、いくら売っても儲けは薄かった。たとえば、「二〇〇〇クリック保証型」をクライアントが買う標準価格は十八万円だが、その利益は一五％の二万円程度にすぎなかった。

藤田は単なる労働集約的な仕事にすぎない営業代行だけを続けるつもりはなかった。常に自分たちの確立すべきビジネスモデルを貪欲に探し続けていた。

平成十年七月の終わりに近づいたころ。藤田はひらめいた。

〈そうだ、おれたちで、クリック保証型のバナー広告を出そうと提案してみよう。意外とおもしろいアイデアかもしれないぞ〉

それまでのネット広告ビジネスは、業界の慣習としてクライアントと広告代理店との間に既存の代理店が仲介に入るため、マージンがかさむ。それを、クライアントに直接飛び込みで営業をおこなえるようになれば、中間マージンが抑えられる。その分、低価格でサービスを提供でき、同時に広告のプランニングもおこなえる。顧客のニーズにこれまで以上に応えられるはずだ。

開発の指示を出したあと、せっかちな藤田は、システムがまだできあがっていないのに、ただちに「サイバークリック」と名づけたバナー広告のパンフレット作りにとりかかった。

価格はこれから競合することになるバリュークリックジャパンのサービスと、それまでの営業活動を通じて感じた手応えを参考に決めた。

注文もただちに八百万円をとった。しかし、完成したシステムは、クライアント側のカウンターに反応しないとか、ネットワーク経由での反応が鈍いなど、社内でおこなったデモンストレーションは当初からトラブル続きであった。およそ納品できるようなものではなかったのだ。藤田はさすがに頭を抱え込んだ。

〈代わりに、システムを構築してくれる企業はないだろうか〉

ここで藤田はオン・ザ・エッヂ（現ライブドア）の堀江貴文社長にシステムの構築を依頼した。素早くつくられたシステムの完成度の高さを確認したあと、藤田はヘンドリックセンに電話を入れた。

「営業代行は打ち切らせていただきます」

これはあきらかな宣戦布告であった。そして、藤田は、バリュークリックだけでなく、営業代行事業すべてを切り捨てた。

〈成功したものを捨てきれないで、大きくなることはできない〉

サイバーエージェントの武器である営業の全勢力を、「サイバークリック」に注ぎ込むことにした。平成十年九月、「サイバークリック」は一気に立ち上がった。それまでの社の月平均売上が二百五十万円だったのが、絞り込んだ結果、五百万円と倍増した。九月中に情報関連や外資系保険会社など、四十社を超える企業から受注し、広告掲載用のサイトも六〇〇を超える数を確保した。

オフィスには標語が掲げられた。

「バリュークリックに追いつく月間」

「バリュークリックを追い越す月間」

とりあえずの敵を設定し、その敵を攻めることで自分たちの情熱をたぎらせる。この藤田のスタイルは、その後も続く。わずか二カ月ほどで、バリュークリックの売上を抜き去り、まさに彗星のごとく現れたサイバーエージェントは、注目を急速に集めた。

「サイバークリック」は、平成十年九月に正式に稼働し、年末までに配信数は一日あたり二〇万ＰＶを超えた。提携しているサイトは一〇〇〇以上にもおよんだ。

藤田は、日高に言った。

「事業の柱となったサイバークリックが危うくなることも十分にありうる。一つのものに依存しているのは、危険だ。おれは、クリック保証型のバナー広告をメルマガでも展開しようと思う」

メルマガは、情報発信をしたい誰もが気軽に編集長になれる気軽さから、急成長を遂げていた。まぐまぐを筆頭に、すでにさまざまなメルマガ配信システムが運営されていた。

その収入源は、配信するメルマガに掲載されるメール広告である。しかし、メール広告に関しては、まだメール配信数を基準にした料金設定しか存在していない。バナー広告と同様に費用対効果を測定したい広告主のニーズを満たすものではなかった。

今度の藤田の考えるメルマガの広告システムは、最初から堀江に依頼して、すぐに動いた。完成後すぐに、日経新聞のベンチャー欄に記事が出た。

「サイバーエージェントの広告付きメール新聞配信、クリック回数保証」

まぐまぐの攻略に入った藤田は、すぐにまぐまぐにメルマガを掲載している編集者たちの取り込みにかかり、多くの編集者たちが読者を引き連れてサイバーエージェントの側に移ってきた。藤田の戦略は功を奏しつつあった。

二十六歳で上場は最年少記録

藤田はいよいよ株式上場にこぎつけることになった。が、いくらがんばって株式を公開して必死で株価を上げようとも、結局はインテリジェンスの子会社であるという立場では、納得できない。世間的にも、誰がサイバーエージェントの責任を持つのかわからないことになってしまう。

藤田は宇野に対し、粘り強く交渉し、ようやく実質的な経営権も手にした。上場前の平成十二年三月には、藤田が四七・二二％、宇野がかつて社長を務め、会長であるインテリジェンスが、一七・八八％、宇野が社長を務める大阪有線放送（当時）は一四・九〇％、そして宇野が個人で四・九七％で、藤田が筆頭株主として実質的な経営権を手にした。

藤田は、平成十二年（二〇〇〇年）三月、東証マザーズに念願であった株式公開をした。公募価格は、一千五百万円であった。初日初値は、公募価格より百万円高い一千六百万円であった。

創業時から口にしていた「二年で株式上場」という、周囲からは誇大妄想かと疑われかねない目標をついに達成したのである。上場の日、筆頭株主の藤田は、保有する株式の時価総額により二百六億円を手に入れた。上場企業の社長が二十六歳というのは、最年少記録である。

資金調達のおかげで、借入もいっさいなくなった。残った二百億円強の資金は、新規事業のためにストックしておき、慎重に使おうと考えた。

平成十二年六月、藤田は堀江に声をかけた。

「オプトイン・メールサービスに狙いをつけている、一緒にやらないか」

藤田に続いて東証マザーズに株式公開をしていた堀江に異存はなかった。オプトイン・メールサービスのメールインは、平成十二年七月に設立。当初は、サイバーエージェントの中で、それほど大きなウエイトを占める事業ではなかった。会員も十五万人ほどしかいなかった。競合しているガーラの五十万人を抱えるインフォメールには、とうてい及ばなかった。

が、資金力を効率的に活かし、メールインの広告費を一億五千万円も投じた。どのようなところに広告を出せば、どれくらいのユーザーが広告をクリックするかを弾き出し、よりクリックされるような広告を出した。八月から打って出た結果、わずか三カ月ほどで、会員数を十五万人から六十五万人にまで増やした。ガーラのインフォメールを抜き去るほどの勢力となった。売上も月に二百万円にすぎなかったのが、三千万円を超した。この分野の可能性を見ていた藤田は、日高に言った。

「市場規模はまだ大きくなる。有望な市場といっていい」

また、藤田は平成十二年九月から、効率的で機動的な経営をおこなうためにカンパニー制度を導入した。それぞれの特性を生かした企業の集合体こそ、サイバーエージェントだという形に持っていく。カンパニーに分けることで、マネジメントも容易になった。立ち上げにこそ、社長として藤田も参画するが、軌道に乗れば、すべて担当者たちに任せている。そのかわり、権限委譲はするが、かなり厳しいチェック体制を敷いている。

藤田は、傘下の幹部たちに、しばしば発破をかけている。

「かってリクルートが情報産業を確立したように、インターネット広告とインターネットメディアの領域で、二十一世紀を代表する企業集団をつくっていこう」

また、成果報酬型のネット広告、アフィリエイトプログラム事業にも進出した。「トラフィックゲート」という新会社を設立し、平成十三年（二〇〇一年）三月からサービスをはじめた。ドコモのｉモードやメルマガにも対応している。広告の形や大きさも自由に設定できることが強みである。

組織として最も必要な五つの能力

平成十三年八月に創業以来、四半期ベースではじめて、黒字の営業損益・経常損益を発表した。メルマガや懸賞サービスなど、自社で運営する媒体向け広告収入が伸びたことが大きかった。四半期の売上規模は、すでに十五億円を超えていた。

藤田は役員の前で語った。

「サイバーエージェントは、ネット広告代理店から、明確なビジョンのもとに、適切に多角化したインターネット企業集団サイバーエージェントグループに進化していく。そのためには、企業全体の方向づけをしっかりとしつつ、バランスをとった成長を図ることが何よりも必要なことだ。うちには、組織として際立った五つの能力があると思う」

藤田はホワイトボードに文字を書き出した。

「まず起業力、成長機会を見極め、迅速に行動する姿勢のもとに成立するものだ。次に営業力、同業他社との圧倒的な差別化ポイントで、現在の競争優位性の根源だ。そして、ユーザーとのつながり、これがネット媒体のインフラとなるものだ。さらに人材、ベンチャー企業として群を抜く質の高さを誇っていると思う。最後に資金力、株式公開時に調達した百六十億円にもおよぶ力がある」

そして、眉根にしわを寄せて、話を続けた。

「だが、インターネットという先の予想が困難な市場において、事業ドメインを限定しすぎることは、かえって危険である。中長期的な方向性として、現状では競合の存在しない新しいマーケットの創造を指向する。グループとしての中期事業ドメインは、二つに大別する」

藤田はふたたび、サインペンを走らせた。

「インターネットにおける広告事業とそれに付帯する法人へのサービス提供、この事業はこれまでのコアをなしていた事業といっていい。これからは……対生活者へのサービスの提供、つまりメディア事業に力を注ぐ。この二つの事業ドメインにあてはまるようならば、何らかの形でネットが関与することを前提として、積極的に参入していくつもりである。対生活者市場で、収益を上げるビジネスモデルをつくり出せるかどうか、それがサイバーエージェントグループの中長期的成長の鍵を握ることになる」

藤田は、さらに声を張り上げた。

「それぞれの事業に合わせて、個別に経営戦略を立てる。組織としても、ピラミッド型の大きなものにするより、個々の独立した事業がネットワーク型につながるほうがいい。べンチャースピリットを維持できるし、独立心あふれる有能な人材が獲得できる。個々の事業は、それぞれの会社に権限をすべて委譲する。グループ全体としてビジョンを共有し、成長するための土壌をつくっていく。各会社も、それぞれに戦略を立案し、状況によって適切なパートナーと連携することも容易である」と。その後、サイバーエージェントはネット広告代理店から、ネット総合サービス会社へ脱却するべく事業投資を続け、完全な黒字転換は少し先のことになった。

ネット事業は小さく生んで、大きく育てる

サイバーエージェントは、平成十四年（二〇〇二年）三月、新規事業「メールビジョン」の構想を打ち立てた。メールで、画像や動画のコンテンツが届くＨＴＭＬメールマガジンで、平成十四年六月に二十六誌の発行をスタートした。

平成十五年（二〇〇三年）九月、金融サービス事業の「シーエー・キャピタル」設立。インターネット上での金融ビジネスの展開をはじめた。平成十五年十二月には、「ジークレスト」を子会社化することで、オンラインゲーム事業に参入した。

サイバーエージェントが運営しているメディアの登録アドレス数は、約三〇〇〇万にものぼった。

いっぽう、ネット広告業界を取り巻く状況も好転しはじめた。サイバーエージェントのインターネット広告事業で牽引役を果たしたのは、平成十五年五月に設立した「シーエーサーチ」であった。Ｇｏｏｇｌｅの「アドワーズ」やオーバーチュアの「スポンサードサーチ」など、検索結果とともに検索キーワードに対応した広告を掲載する「検索結果広告」を専門に取り扱い、取引広告主の数を増やした。

ユーザーが「保険」というキーワードで検索すると、その検索結果画面にさまざまな保険会社の広告が掲出され、広告主は見込み客に効率よくリーチすることが可能となる。検索結果広告は取引社数と売上の拡大に大きく寄与していると言えるだろう。

いっぽうで、撤退した事業もある。平成十五年三月にサイトを開設した〝ＭＬＢ．ｃｏｍ〟の日本語公式ライセンシーサイト「ＭＡＪＯＲ．ＪＰ」である。大リーグで活躍するニューヨーク・ヤンキースの松井秀喜、シアトル・マリナーズのイチローの試合のダイジェストを配信していたが、アクセス数に収益がともなわず、撤退にいたった。が、この失敗は、その後の「小さく生んで、大きく育てる」という事業方針に結びついている。

しかしながら、ｅコマースの伸びはめざましかった。平成十六年（二〇〇四年）九月期のｅコマース売上高は九十九億三千万円。子会社の株式会社ネットプライスを中心に、順調に売上高を伸ばしている。

グループで保有する会員約三〇〇〇万アドレスに対し、メールで商品の案内をするため、従来の通販会社が多くをかけてきた広告費を削減することが可能である。また、今後は、仲介、課金事業にも力を入れていく。

サイバーエージェントは平成十六年十一月に、初めての通期連結黒字を発表した。平成十五年下期から黒字化し、ついに利益創出期へ転換したのだ。平成十七年（二〇〇五年）九月期には、売上高三百六十億円、経常利益二十三億円の業績見通しを出している。

平成十六年二月に、株式会社イー・ベントを子会社化し、ウエディングパークと名称変更。

平成十六年七月、女性向けＥＣサイトを運営するディーバの株式を取得、子会社化。翌八月には、出版関連サービス事業のアメーバブックスを設立した。

新規事業立ち上げのスピードは、非常に速まっているが、あくまで自社内で事業を立ち上げ、大きく育てていくという方針で事業を展開している。

社員のアイデアから生まれた事業も多く、社内の事業プランコンテスト「ジギョつく」のもと、二十五歳の女性事業責任者も誕生した。彼女が提案した有料サンプリングサービス「トライアルネット」は平成十六年十二月にサイトオープンし、ユーザーから好評だという。

社内で事業を立ち上げ、やる気のある者には年齢・性別を問わず任せるというサイバーエージェントの文化がこういったところからも感じられる。
サイバーエージェントは、自分たちの足で立ち、自分たちで歩いていく。あくまでも自力で事業を立ち上げ、自力で販売する。それが創業時から徹してきた流儀である。藤田は、これからもそれに徹していくという。

サイバーエージェントは、出版にも、新しい形で進出している。サイバーエージェントが運営しているアメーバブログで、もっとも人気のある『実録鬼嫁日記』を書籍化し、発売した。
ブログサービスを提供している「アメーバブログ」では、ランキング上位者に対し賞金を提供し、優れたブログは子会社のアメーバブログからの書籍化を検討している。平成十六年総合ランキング一位の『実録鬼嫁日記』は、アメーバブックスが発売するアマチュア作品第一弾だ。〝鬼嫁被害者の会会長〟を名乗るカズマが、現代のよみがえった織田信長ともいうべき「鬼嫁」との日々をつづったものである。
「平成十六年三月十四日（金）『嫁に呼び出されたから帰ります』
嫁『あなた！　急いで戻ってらっしゃい！』　出勤途中やっちゅうねん……　会社まで半

分の距離に差しかかった頃、自宅の嫁から招集命令を知らせる携帯電話が鳴り響く。

カズマ『ちょっと待て！　今から戻ってたら、会社に遅刻してしまう！　帰ってからでも……』

嫁『今すぐ言うてるやろ！』

ガチャー・ツーツーツーツー……俺には、意見することも許されないのか（涙）

人生も後戻り出来たなら……そんなことを思いつつ、急いで我が家に後戻り。

カズマ『いったい何やねん！』

嫁『はい♪　わたしの携帯の請求書♪』

カズマ『せっ、請求書！』

たかがそんなもんの為に俺は、仕事に遅れるのを承知で後戻りしたというのか（涙）……。

嫁『これを今日中に払わないと、私の携帯が止められてしまうじゃない！　あなたも私と連絡取れなかったら困るでしょ！』

困りはしない……

このまま音信不通の方がどんなに楽か……。」

　おそらく、他人事というよりも、身につまされる読者がいるであろう。この話は、実録だという。

書籍にすると、それまでの賞金などとは別に印税が入る。

サイバーエージェントは、メールマガジンやブログなど一般の方が情報発信できるサービスを提供している。その中には、素人の書いたおもしろいコンテンツがある。おもしろいものであれば当然、既存の活字媒体に載らなくても、ネット上で読者が集中する。

藤田は、それを何らかの方法で収益化したいと思っていた。その一つの形を実現したわけである。

ネットから活字化されたもので脚光を浴びたのは、世界最大のネット掲示板「2ちゃんねる」ではじまった純愛物語を書籍化し五〇万部をも出している『電車男』（新潮社）、ＯＫＷｅｂでの書きこみからはじまった『今週、妻が浮気します』（中央公論新社）などがある。しかし、インターネット上の個人日記のようなブログを活字にするのは、同じインターネットから飛び出た出版物でも、あきらかに違う。マスコミも注目している。

『実録鬼嫁日記』の発売を発表してから、多くのテレビや雑誌に取り上げられている。

実は、すでに映画化が決まっている。海外映像コンテンツの日本国内における映像使用権の買いつけ、映像コンテンツの配給、ビデオ版権・テレビ版権のライセンスをおこなうギャガ・コミュニケーションズを、平成十六年、株式会社ＵＳＥＮが買収した。宇野康秀社長がギャガ・コミュニケーションズの社長に就任して、邦画製作にやる気を出しているという。宇野社長は、ニュースで『実録鬼嫁日記』の紹介をたまたま見て、さっそく『実録鬼嫁日記』のブログを読んだ。それで、「おもしろいから、ぜひ映画化したい」と藤田に言ってきた。

藤田が語った「AbemaTV」経営術

平成二十八年（二〇一六年）七月にも、筆者は藤田社長をインタビューしている。

――今年の四月十一日にインターネットテレビ局「AbemaTV（アベマティーヴィー）」を開局されましたね。ニュースやバラエティ、アニメなど様々なチャンネルが二十四時間、無料で楽しめるのは素晴らしいサービスですね。

藤田　僕は「AbemaTV」の総合プロデューサーも兼ねています。

――これは「テレビ朝日」との合弁事業として開局されたわけですが、どういうきっかけだったのですか。

藤田　きっかけは、僕が以前から「テレビ朝日」の番組審議委員をやっていたことです。ちょうど、Netflix（ネットフリックス）が日本でもサービスを始める少し前で、マスメディアが騒いでいた頃だったんです。すごい金額をかけてドラマを作るというので話題になっていました。

それで、テレビ局も戦々恐々としていて、インターネットでの配信事業に対して「テレビ朝日」はどう対抗していくのかということが番組審議会のテーマになっていました。

そのときにも、僕は結構意見を求められていたんです。その後早河（洋）会長と食事をともにする機会があり、その席上で、「我々がやりましょうか」と提案しました。私自身、スマートフォンが普及したことにより、テレビという端末以外でも、動画コンテンツが見られるようになってきたと感じていました。スマホ向けにコンテンツを作る仕組みを我々で作りましょう、という話になったわけです。

以前から、サイバーエージェントはテレビ朝日と人事交流を進めており、友好的な関係を続けていたこともあったと思います。

じつは、ビジネスモデルがいまは完全にテレビ型ですが、最初はまだ白紙で、Ｎｅｔｆｌｉｘのような形になるのかなとも思っていました。


――Ｎｅｔｆｌｉｘはものすごく資本を持っているということですが、テレビ局と組むという発想は、テレビ局サイドからの話ですか？

藤田　我々自身も、これまで十五年ぐらい前から「メールビジョン」や、「アメーバビジョン」など動画関連事業を何度も立ち上げてチャレンジしていました。ですが、芳しい成績がおさめられずにいました。

当時は、今に比べると、インターネットで動画を見るということについてハードルが高かったんですね。ガラケーと言われた携帯電話や、デスクトップのパソコンでは、あまり動画を見る気になれません。

ですが今は、スマートフォンが登場して、タブレット端末も普及して、日常的にユーチューブや、ニコニコ動画が気軽に見られるようになりました。こういった環境が整えられてきたので、このタイミングで再参入したというのが我々の事情でした。

――「AbemaTV」の強みはなんでしょうか？

藤田　やはり、使いやすいアプリケーション、いいサービスをつくらなければいけません。それには技術力や、デザイン力、インターネット事業におけるノウハウが必要になります。そうしたノウハウを持っていることがネット関連企業である我々の強みだと思っています。

――「AbemaTV」を立ち上げるうえで、成功するという見込みはどのくらいあったのですか？

藤田　今、出だしは好調ですが、最初は当たるかどうかはわからなくて、むしろ外れる確率も高い事業だと思っていました。

――では、これは絶対に安全だという事業ではなくて、藤田社長のなかには、「AbemaTV」の立ち上げには賭けの要素もあったわけですね。

藤田　僕は相当賭けの要素のなかで、チャレンジしています。少し極端な表現かもしれませんが、失敗したら死ぬぐらいの気持ちでやっています。「ＡｂｅｍａＴＶ」というビジネスモデルは、そもそもまずオンデマンドではないわけです。これまで、インターネットによる動画配信サービスは好きなコンテンツを有料で見るオンデマンドが主流でしたから。ですが「ＡｂｅｍａＴＶ」は、テレビと同じように、オンエアーで放送されているものは、無料で見られます。こういう形の動画配信サービスは、世界的にもありませんから、成功する保証はどこにもないわけです。初めての試みです。

「Ｎｅｔｆｌｉｘ」がうまくいったのは、テレビのリモコンの真ん中にドカンと「Ｎｅｔｆｌｉｘ」のボタンがあるからですよね。つまり、最終的にはテレビという端末を通じて見ることができるわけです。

「ＡｂｅｍａＴＶ」は、テレビではなく、スマホやパソコン、タブレットなどの端末で観ることを想定にしていますから、どのくらいの需要があるのかなど、未知数な部分がたくさんあるわけです。

——そうですね。でも未知数な部分があるということは、将来的な可能性もありますね。

藤田　はい、その部分に賭けたわけです。オンデマンドではなくても、受け身で見る方が利用者は楽なのではないかと。

――「AbemaTV」は、視聴者が放送されている番組を見るという「受け身視聴」がコンセプトなんですね。

藤田　はい。自分で好きな動画を見つけるのが面倒なこともあると思うんです。だから、何かの動画を検索して見るのではなくて、気軽に少し時間が空いた時にスマホを出して、無意識に受け身で見てもらえるようなサービスを目指しています。朝起きて新聞を開くとか、家に帰ってテレビをつけるような感覚で、何気なくスマホを開いて見てほしいですね。最初はこのコンセプトが受け入れられるのか不安もありましたが、今は手ごたえを感じています。

――そこはかえって斬新ですよね。

藤田　はい。先日、『朝日新聞』に「仮説が的中」と記事になりました（笑）。ですが自分なりに、相当ネットビジネスの経験が豊富にあったので僕の中では元から構想があったんです。ただ、社内では何が出来上がるのかよくわかってなかったですね。この構想自体は、僕の頭のなかにしかないものでしたから。

――その状況のなかで、どのように周囲を説得されたんですか。

藤田　説得したというか、言うことをきかせてきたんです（笑）。事業幹部もそういったタイプで固めています。僕はイエスマンで固めるタイプではないのですが、これまでの経験からこれまでにない事業を立ちあげる時は、言ったことにすぐ応えてくれるメンバーでないとうまくいかないことに気付いたんです。途中で反対されたりすると、説得に時間がかかったりと成功の難易度を上げてしまうんです。

――いままでの実績があるからですね。でも、藤田さんがいわゆるサラリーマン社長だったら無理ですね。

藤田　絶対に無理だと思います。

「テレビを見ていない層をターゲットにする」

――「ＡｂｅｍａＴＶ」は、サイバーエージェントが六〇％、テレビ朝日が四〇％の持株比率なんですね。なぜ、六・四なのですか。

藤田　我々が主導権を持たないと、サービスが立ち上がらないと思っていました。

――現在のテレビは、放送法の問題もあり、しがらみが多いですが、「ＡｂｅｍａＴＶ」は、その部分は自由にやれますね。

藤田　ええ。僕は、今のテレビは少し規制が行き過ぎていることがあると思いますので、萎縮せずに面白いコンテンツを作っていきたいと思っています。

ただそのいっぽうで、テレビでできないことにこだわり過ぎるのもちょっとおかしいと思っています。だから、あまりテレビを意識し過ぎずに、率直に自分たちが見たいと思うものや、つくりたいと思うものをつくるべきと言っています。また、テレビのように公共の電波を使ってはいませんが、メディアをやる以上、社会的な責任も負う必要性はあると思っています。そこは一定の倫理観をもって取り組んでいきます。メディアとしての影響力や責任感を意識しなければいけないと。ただ、過激にやればいいというものではありませんから。

コンテンツにはどんどんこだわっていきたいと思っています。生放送の番組もありますし、「アニメ」「麻雀」や「釣り」など専門的なチャンネルもあり、これからもっと増えていく予定です。ちなみに、「麻雀」の番組には、僕自身、出演者の一人として参加しています。

――開局直後の四月十四日に熊本地震があった際には、番組を切り替えたそうですね。

藤田　はい。地震が起きた直後には現場が自主的にテレビ朝日の報道特番を同時配信していました。その後には、僕は堀江貴文さんが出演する麻雀番組や、バラエティー番組が放送される予定でしたが、延期を決断しました。

――テレビ局との協力においてメリットを感じるところはどんなところですか？

藤田　結果から言うと、テレビ局なしには「ＡｂｅｍａＴＶ」は、立ち上がらなかったと痛感しています。

最初は、コンテンツを買い付ければ、テレビ局と組む必要はないと思っていたんですよ。まずわかったことは、すごくいいコンテンツは、基本的には全部テレビ局に集まっているということです。オリンピックの中継も、ドラマもそうです。ニュースも、基本的にテレビ局でなければ素材が集まりませんから、ゼロから簡単に立ち上がるものではないわけです。そして、一つ一つの番組制作におけるクオリティが非常に高いんです。

――それは、「ＡｂｅｍａＴＶ」をやってみてよくわかったわけですか？

藤田　よくわかりました。制作会社がつくっていると思われがちですが、テレビ局が仕切っているから高いレベルになっているわけです。仕切る人のレベルの高さが重要なんです。テレビ局のディレクター、プロデューサーというのは、あの狭い業界のなかで、エリートたちがしのぎを削っているだけあって想像以上のレベルの高さで番組の制作をしています。視聴者の目が肥えているわけですから、面白くないものをわざわざネットだからといって見ないわけです。それと、芸能界からの信頼ですね。テレビ局であるテレビ朝日との長い信頼関係があるからこそ「ＡｂｅｍａＴＶ」に出演してくれるわけです。そうした要素をすべて含めてテレビ局との協力がやはり必要だったと思います。今、テレビ朝日から出向してきている現場のスタッフも、「ＡｂｅｍａＴＶ」を面白がってくれています。現在のテレビはどうしても高齢者向けのコンテンツが中心になりがちですが、「AbemaTV」は若者向けのコンテンツが作れますから。

――「AbemaTV」では、コメントも書き込めるのですね。

藤田　はい、やはりネットは双方向性のメディアですから。コメントはなくてはならないものです。それ自体が一つのコンテンツになっているというか、ニュースを見ていて、自分でもコメントしたり、他人のコメントに共感したりと、それもコンテンツになるわけです。

――「AbemaTV」は、大仕事で大きな賭けですね。

藤田　はい。「テレビ朝日」に対する責任もありますので自分で責任を持ってやり切ります。それと今回の事業では、いわゆる大企業、歴史ある会社と一緒に働いたことが初めてだったんです。テレビ局のような世界の人たちとビジネスをともにするのは初めてなので、とても勉強になっています。特に、映像制作や、ニュース報道は、僕も直接現場をやってきたことはないので、とても勉強になりました。

――「AbemaTV」は、広告で利益を得るモデルなわけですよね。広告は入ってきていますか？

藤田　ええ。テレビと同じ広告モデルです。まだ始まったばかりですが、引き合いはとても強いです。それと、有料課金によって過去の放送が見られるオンデマンド機能もあります。もちろん放送を見るのは全部無料ですが、過去の放送作品を見るには、月額で九百六十円の課金をしていただく必要があります。

——これは収入のうちのパーセンテージはどのぐらいですか。

藤田　将来的には三割ぐらいを想定しています。

——利用者は今のところ若い世代が中心ですか。

藤田　大体二十代、三十代で全体の六割強を占めています。逆に五十代、六十代の利用者は少なく、テレビと逆の構成だと思いますね。つまり、想定通りテレビを見ていない層をターゲットにしていると思います。

——スマートフォンとPCではどちらが多いですか？

藤田　PCもそれなりではありますが、七～八割がスマホです。

——ということは、つくる番組も若い人向けということですね。

藤田　はい。やはりアニメが相当人気があります。

——どの時間帯の視聴が多いのですか？

藤田　夜と土日です。やっぱり、ゆっくり時間をとって見られる時間帯というのはテレビと同じなんですね。だから、その時間帯のコンテンツの充実に力を入れています。夜は、十二時過ぎぐらいまでで、一時ぐらいからだんだん減ってきます。土日は平日の二倍ぐらいになりますね。

「〝フジタテレビ〟をマスメディアにする!」

――最初の想定と、事業を開始してから違っていたことはありますか。

藤田 最初は想定していたより視聴者の年齢層が上でしたが、その後、若い人の比率が増えました。あと、今のところ、女性の視聴者が少ないかなというのがあります。後々、女性向けにドラマや映画などのコンテンツを充実していけば増えてくるのではないかと思っています。

――「AbemaTV」のアプリは、スタートから三カ月で五〇〇万ダウンロードを記録したそうですが、これはかなりすごいですね。

藤田 ええ。予想外のスピードでした。五〇〇万という数字は、年内で達成できればいいだろうぐらいのイメージでしたから。これまでのサービスでここまでダウンロード数が急速に伸びたケースは実はありません。

――チャンネルを簡単に変えられるのもいいですね。

藤田 はい。使い易さを追求しています。これは技術力も必要ですから、ネット企業でないと難しいわけです。それとつくった後のマーケティングや運用も、やはりノウハウがないと難しいわけです。

――それに応じて広告料も変わってきますね。

藤田　はい。ですが、広告のことは本当にいま一ミリも考えていません。黒字化もまだ考えていません。まずは存在を広く認知されて、利用者を増やすことだと思っています。

――「ＡｂｅｍａＴＶ」には、どのくらい投資されていますか？

藤田　今期は百億円ぐらい投資しています。まだ赤字事業ですが先行投資として必要です。いまこの事業を買収しようと思うと五百億円から一千億円ぐらいの価値は既にあると思っています。だから、百億円の投資はどうということはありません。

――その先行投資を支えるだけのグループの業績があるわけですね。

藤田　業績は全体的には好調です。

――そのなかで一番いま収入が上っていらっしゃるのは何ですか。

藤田　元々の広告代理店業とゲーム事業が好調です。ゲーム事業は、参入してから七～八年はやっていますから、規模は大きくなっています。

ゲーム事業などを通じて、やはりクオリティが高いものが生き残るということがよくわかりました。だから、「ＡｂｅｍａＴＶ」にしてもそうですが、アプリのクオリティにこだわってつくっています。

――ゲーム事業は、日本だけですか？

藤田　海外でもやっていますが、メインは日本です。僕自身はゲーム事業を見ていませんが、ゲーム事業で利益が出ているうちに、新しい収益の柱を育てようとしているのが、この「ＡｂｅｍａＴＶ」です。「ＡｂｅｍａＴＶ」や、定額制音楽配信サービスの「ＡＷＡ」は僕が中心でかなり細かく見ています。

――新規事業のための合宿は今でもやっているんですか。

藤田　はい。いまは一年に二回やっています。役員と四十人ほどの社員を集めて、おこなっています。新しい事業を提案したり、既存の事業の改善をしたりと、アイデアを出し合います。ネット業界は変化が早いので、常に先のことを考える必要があります。我々は常に最先端でやっているつもりですが、そういう合宿で新しいものに手を付け損ねているところがないかチェックしています。

――こういう合宿からアイデアが生まれたのですか？

藤田　はい。ゲーム事業への参入などもそこで決まりました。

――新しい事業への参入は、どのようにして選んでいるのですか。

藤田　チームごとに提案して、最後に僕が一人で決済していらっしゃるわけですね。

――アイデアが出やすい風土を会社としてつくっていらっしゃるわけですね。

藤田　ええ。会議の制度などはオリジナリティがあるやり方だと思います。

――以前、わたしは、藤田社長が恋人とのデートで、フジテレビの前を通った時、フジテレビの隣に「フジタテレビをつくる」とおっしゃっていたことを書いたことがありますが、「ＡｂｅｍａＴＶ」は、藤田社長にとっても、集大成的なものでもありますね。

藤田　実際そうですね。僕のこれまでのキャリアがほぼ生きています。

――「すべての道はローマに通じる」という言葉がありますが、「ＡｂｅｍａＴＶ」につながっているわけですね。

――「ＡｂｅｍａＴＶ」の将来的な目標はありますか？

藤田　そこまでは全然考えていなくて、まずは規模拡大です。「マスメディア」と言われるところまで持っていきたいと思っています。

とにかく、視聴者が増えていくことが肝心です。そうすれば、出演したい人も増えますし、当然、広告も増えます。その逆はありませんから。だから今は、とにかく規模を拡大させることを重要視して、黒字化は考えていません。まず知ってもらうことが先決ですから、新聞に大きく広告を出したり、様々な工夫を考えています。今年の夏には渋谷に特設会場を設置して、プロモーションします。

「ＡｂｅｍａＴＶ」の開局から四年目を迎えた平成三十一年四月二十四日、サイバーエージェントの藤田晋社長は、記者会見で、「ＡｂｅｍａＴＶ」への先行投資を今後も続ける方針を示した。年間二百億円規模の投資を続け、コンテンツを拡充し、全事業でコスト削減に取り組みながら、注力事業への投資は緩めないという。

「ＡｂｅｍａＴＶ」の専用アプリの累計ダウンロード数は三九〇〇万件で、有料会員数は約四十万人だった。

平成三十年十月には、電通などと資本業務提携したことにより広告収入が拡大。広告収入と課金収入の割合は六五％対三五％だった。会見では、藤田は、「将来は一対一の割合にしたい」考えを強調した。

また、この日に発表したサイバーエージェントの第二四半期の連結売上高は、前年同期比一〇％増の二千二百八十一億円、営業利益は二九％減の百三十九億円だった。

広告とゲーム事業の減速で、一月に通期の業績予想を下方修正した。第二四半期はコスト削減の効果が出ているが「まだ病み上がりの状態」とみており、今後も全事業でコストの見直しは続けるという。

第6章

不死身、ホリエモン健在なり

元ライブドア代表取締役社長CEO

堀江貴文

ネットの便利さにいち早く気づく

ホリエモンこと堀江貴文と初めて会ったのは、実はサイバーエージェントの藤田晋社長の紹介であった。

当時、堀江は「オン・ザ・エッヂ」という小さな会社の社長に過ぎなかった。藤田のサイバーエージェントの下請けのようなもので、藤田の取材が終わった時、藤田がすすめた。

「堀江という若者がいる。面白い男だ。会っておくといいよ」

わたしは、港区六本木三丁目の柳ビル五階の狭苦しい部屋で堀江と会った。およそ社長といった畏まった雰囲気ではなく、背広姿でなくジーパン姿にズックを履いていて、大学生かと思った。

聞くと、東大で宗教学を学んでいたが仕事が忙しくてついに中退してしまったという。

堀江は、自慢そうに言った。

「うちの社は小さいけど、ネットに特化した会社は日本で初めてだ」

確かに、検索エンジンであるヤフーでさえも、日本法人はまだ立ち上がっていなかった時である。

「ホリエモン」と呼ばれ、まるで若者の教祖のように一世を風靡した堀江貴文は、昭和四十七年（一九七二年）十月二十九日、福岡県八女市に生まれた。小学校の低学年のころ、すでにパソコンと出会っていた。従兄弟が持っていたシャープのＭＺ８０Ｋのパソコンでゲームを楽しんだ。日本ではじめてといっていいパソコンである。

堀江はそのころ、テレビ番組で少年ハッカー団が出てきて、アメリカの国防総省に入り込んで悪さをするシーンに心をふるわせたりもした。

〈パソコンはすごい！　ネットワークでつながったら、なんでもできる〉

堀江は十二歳のとき、名門私立中学に合格したお祝いに、両親からパソコンを買ってもらった。ところが、実際には何もできない。任天堂のファミコンレベルのゲームすらもできない。テレビドラマで見たパソコンとはまるで違うので、がっかりした。

しかし、一方でプログラムをつくる喜びを感じていた。ゲームのプログラミングに挑戦してみると、なかなかできない。できないこと、負けることを自分で認めるのはいやだった堀江は、プログラミングに齧りついた。

十四歳のとき、知っている塾の経営者に「英語学習用のプログラムを、移植してほしい」と頼まれた。堀江にとって、思ったよりも簡単な作業だった。一晩で仕上げ、塾からは数万円のバイト料がもらえた。それだけまとまったお金がもらえるのは、はじめてのことだ。

〈こんなことで、これだけ稼げるのなら、たやすいものだな〉

いざとなれば、パソコンの知識で飯が食えるという自信になった。そのバイトの金でネットワーク用のパソコンとモデムを買いそろえ、BBSをつくったりした。

生まれ育った八女市は、堀江にとって退屈きわまりなかった。

〈どうして、こうも地味なところにいなければならないのか。東京に出たい〉

その思いは、成長すればするほど大きくなった。もっとも東京に出やすい方法は東大に行くことだった。東大なら、さすがに親も反対はすまい。

高校三年の半年間、みっちり勉強した。堀江は受験勉強を通じて、計画性を持って、集中して効率よい勉強が可能かを学んだ。合理的な方法を考えることの重要性を理解したのだ。

堀江は、東京大学文科三類に合格し、平成二年（一九九〇年）四月に入学した。が、大学では、ほとんど勉強はしなかった。興味をもったのは、基礎科学科という、学部間のちょうど境界領域のような学際的な学科だった。

大学二年の終わりころから、中学生・高校生を相手にした塾講師のアルバイトをはじめた。物理・化学以外は、すべて教えた。だが、塾の講師ではアルバイト料も知れていた。

もっといいバイトをしなくては、と思ったとき、中学時代、塾でコンピュータプログラムの移植をしたことを思い出した。そのとき、パソコンを使う仕事をすれば、食いっぱぐれることはないと自信がみなぎってきた。

さっそく、アルバイト情報誌を買い込み、近所で時給のよさそうなシステムハウスを探した。まずバイトをしたのは、教材ソフトをつくっている会社だった。統計処理から何でもこなしたが、時給はそれほどよくない。

しばらくして、フィクスというシステムハウスで働くようになった。ここでは、さまざまな仕事をこなした。アップルコンピュータが出しているマッキントッシュを利用するデータベース作成、デザイナーが使うようなハイスペックなモニタソフトのチェック、ビデオ編集ソフトによるイベント用のビデオ素材、ＣＤ－ＲＯＭの作成もおこなった。

さらには、ＰＣ関連イベントのセットアップの仕事で全国をまわった。しばらくして、アップルが出した開発者向けのパソコン通信にもかかわるようになった。画面上に絵や絵文字（アイコン）を表示し直感的に操作できる、いわゆるＧＵＩを使ったアップルリンクというものだ。

しかも、どこよりも先に、ｅメールサービスをはじめていた。堀江もはじめて、メールアドレスを取得した。インターネットに接続し、文字列だけではなく、絵や絵文字情報を載せたハイパーテキストを使ったホームページを見ることができた。「これは、すごい！」

と堀江は直感的に思った。

調べてみると、インターネットはよくできた仕組みである。いずれ情報通信革命が起こる予感を感じた。ただし、一番カギとなるのは、誰もがその便利さに気づくことだ。堀江は心をはずませた。

「みんなが使うようになれば、絶対に情報通信革命が起きる」

堀江はフィクスの上司に提案した。

「インターネット事業を、立ち上げましょう」

堀江の提案は了承され、ただちに事業部がつくられた。ただし、正社員とアルバイトの堀江と二人だけの事業部だった。

堀江が取引先にインターネットの事業部を新しくつくったことを話すと、誰もが興味を示した。

歌舞伎で女形をしている市村萬次郎は、デジタル関係に興味を持っていた。堀江は市村と相談し、「ピピン　カブキ　フォー　エブリワン」というタイトルのホームページを立ち上げた。玩具メーカーのバンダイとアップルが共同でつくったゲーム機「ピピン」のホームページもつくった。

さらに、事業部の正社員が、その会社に入る前に勤めていた全日空での上司が情報システム部長をしていたかかわりで、全日空のウェブも立ち上げた。

堀江は一年半の間、インターネットにかかわり続けた。おかげで、アメリカのＡＴ＆Ｔが開発したＯＳであるＵＮＩＸでのシステム管理、マッキントッシュでのグラフィック系のソフトの使用法を学び取った。また、営業ノウハウ、プロデュース、ディレクションも学んだ。

そのうち、名刺交換をしたときに、相手の名刺にメールアドレスが刷られているのが多くなっていることに気づいた。

〈一度刷ったら、なかなかそのアドレスを捨てられるものではない。ネットが広がってきた証拠だな〉

爆発的に広がるだろうと予測していたが、その予測よりも早くその時期が訪れたのである。堀江はいてても立ってもいられなくなってきた。自分が所属している事業部を拡張するだけでなく、会社全体でネットに特化しなくてはならないほど、大きな広がりを持っていると見たのだ。だが、フィクスの誰もが、そこまでは考えていなかった。事業部門の一つとして、インターネットの事業部を置いていたにすぎない。その考え方を改めさせるのは至難の業だ。

堀江は決意した。

〈自分で、インターネットの会社を起こそう〉

ゼロからの出発である。足踏みはするだろう。が、まわりの考えを変えるよりも早いと踏んだ。

東大を中退して敷いた背水の陣

平成八年（一九九六年）四月、堀江は資本金六百万円で、有限会社オン・ザ・エッヂを立ち上げた。二十三歳であった。

会社は港区六本木三丁目の柳ビル五階に構えた。堀江は大学に行く暇もなくなった。せめて、卒業はしたいと思ってはいた。が、会社を抜け出て授業に出ることができない。

専門では、宗教学を学んでいた。宗教学といっても、祖先崇拝といった文化人類学に近い分野であった。卒論も、かならず書こうと思った。興味を持っていた「ネットと宗教の関係」についてである。新興宗教はHPをつくり、新たな布教活動の拠点として、ネットを利用しはじめていた。堀江はオウム真理教のHPも見たことがあった。

満足に大学へ行く時間のないことで、悩みに悩み抜いた。時には、大学をやめて、路頭に迷う夢すら見るほどだった。しかし、決断した。

〈大学をやめよう〉

いつまでも、その悩みを引きずっているよりも、きっぱり決めてしまったほうが早い。背水の陣を敷いて、この起業に賭けるという強い意思表示でもあった。退学届を出したあとは、不思議なことに路頭に迷う夢は、ぱったりと見なくなった。

オン・ザ・エッヂは、ウェブ制作などで日銭ビジネスに邁進したこともあって、初年度の売上高は当初の事業計画をはるかに上まわった。会社設立から一年がたつと、売上規模は年間一億円に達した。内部留保も、年商の半分近い五千万円から六千万円にまで達していた。

堀江は、オン・ザ・エッヂの起業から一年ほどたった平成九年（一九九七年）七月、六百万円から一千万円の増資に踏みきり、株式会社とした。

ホリエモン×藤田晋、手を組む

その頃、サイバーエージェントの藤田晋は、バリュークリックジャパンのクリック保証型のバナー広告を売っていた。しかし、手数料が低いため、いくら売っても儲けは薄かった。たとえば、「一千クリック保証型」のバナー広告をクライアントが買う標準価格は十八万円だが、藤田たちの利益はその一五％の二万円程度にすぎなかった。

平成十年（一九九八年）の夏、藤田は提案した。

「おれたちで、クリック保証型のバナー広告を出してみようよ」

そのシステムを構築してくれる企業として、藤田が以前から気にしていた会社の名前が急浮上する。オン・ザ・エッヂである。

藤田はなぜかその当時、オン・ザ・エッヂのＨＰにブックマークをつけていた。以前に企業向けの新卒採用ＤＢ（データベース）であるジョイナスの開発を担当した会社として、気になる存在であった。

社長の堀江は、豪腕として、そのシステム構築力とともにネット業界では知れわたっていた。藤田は真っ先にメールを送った。ただし、本題については秘密事項でもあるのでメールでは触れず、オン・ザ・エッヂが運営しているサイトに、クリック保証型のバナー広告サイバークリックを貼りつけさせてほしい、という要件にしておいた。

いっぽう、藤田からのメールを受け取った堀江は、思わず眉をひそめた。

「また、うさんくさいのが来ているな」

堀江はサイバーエージェントという会社に記憶がなかった。ネット関連のベンチャー企業が多く立ち上がり、いかにもうさんくさい企業はいくらでも転がっている。

「それにしても、このベンチャー企業のメールはひどすぎる」

メールには、手紙を書くときと同じように作法というものがある。それを無視したというよりも、知らないのではないかとすら思える書式で送ってきたのである。

が、堀江は性分として、うさんくささ、怪しさをはじめから切り捨てることはしない。

その企業に、とりあえず一度近づいてみる。この企業は伸びないと見きわめてから、つきあいをやめる。

堀江はさっそく、サイバーエージェントのＨＰにアクセスした。そして、そのＨＰに思わず苦笑した。

「ネット業界に身を置く企業なのに、なんとも素人っぽい、お粗末なＨＰだな」

そのＨＰの角に、株主構成を書いた欄があった。開いてみて、驚いた。オン・ザ・エッヂの取引先でもあるインテリジェンスの名を見つけたのである。それも七〇％も株式を所有している。

そのことは、堀江に安心感を与えた。いっぽうで、いたずら心も持ち上がっていた。

「うちに広告を出すのはいいが、どのような支払いをするのか」

意地悪な細々とした質問を送り返した。それへのサイバーエージェントの反応は素早かった。すぐに説明させてほしいとの連絡が入り、藤田は二人の営業担当を連れ、オン・ザ・エッヂに現れたのだった。

オン・ザ・エッヂのオフィスには、学生っぽい社員たちが数人いた。藤田は、この会社がのちに上場するといった雰囲気を、およそ感じられなかった。

藤田の目には、初対面の堀江は、長髪で知的でありながらシャープさを表に出さず、おっとりとしたところもあり、人あたりはよかった。

堀江は、藤田たちを前に、コーヒーを飲みながらネットへの自分の思いを語った。東大で宗教学を学んでいた堀江の話は熱っぽく、理路整然としていた。

「人間は、みずから起こした文明を、拡大するだけ拡大していった。だが、第二次大戦のころからゆがみはじめた。公害問題、環境問題、人口爆発という矛盾が生じてきた。人類文明の根底に流れてきた拡大路線に、人間が疑心暗鬼になってきた。袋小路にはまりこんだわけだ。いわゆる先進国が拡大路線に終止符を打ったのは、十年ほど前のことである。ただし、それは世界中がそうなっていくわけではない。これから経済成長を果たそうとする発展途上国は拡大しようとしている。文明の縮小路線と拡大路線が、世界中でぶつかり合っている。その中で、知の再編、人間の叡知の再編をしていかなくてはならない、という無言の圧力がかかった。それに最適な手段として、ネットというツールが生まれてきた。これはもともと偶然生まれたものかもしれないが、いまや歴史上の必然になりつつある。ネットで人間は活力をとりもどしつつある」

話が一段落ついたあと、藤田は切り出した。

「実は、わが社のサイバークリックのシステムづくりを手伝っていただきたい」

「システムづくりを？」

堀江は驚き、いぶかしい表情になった。

「でも、おたくはすでにサイバークリックを販売しているじゃないですか」

「もちろん、予約販売として売って、一部の個別契約をしている小さなＨＰにだけは配信しています。それは、うちのシステム担当者が手動でおのおののＨＰに貼りつけています。しかし、これから増えると、一つ一つやっていたのではきりがない。正直にいいますが、実は配信システムをアルバイトの学生につくらせていたのですが、うまいことできないのです」

「わかりました。では、まず見積もりを送りますから、それでよろしければ、システムをつくりましょう」

堀江は、サイバークリックと名づけられたクリック保証型バナー広告のシステムがしっかりできあがっていないにもかかわらず、サイバーエージェントがすでにかなりの売上を上げていることに、まず好感を抱いた。

堀江は思った。

〈システムさえつくれば、この男はまちがいなく、売ってくれるのだろう。そして、シス

テムをつくり、それがうまくいけば、わが社も確実なストック収入となる事業をはじめられるかもしれない〉

オン・ザ・エッヂは、平成八年（一九九六年）四月に、ゼロからはじめてこの二年もの間、請負主体で地歩を固めてきた。おかげで借入金もなく、キャッシュを内部留保できるようになった。

半年分の蓄えがあり、請負仕事の多くは社員に任せられるようにもなっている。だが、請負仕事はかならず減っていく。少々のリスクを負ってでも、新たな資金をストックできる事業をはじめるべきだ。そう思っていた矢先のサイバーエージェントの発注であった。

会って三日後に、藤田のもとに見積もりが上がってきた。一カ月コース、一年コースと納期によって値段がちがう。当然のことながら、早くつくればつくるほど高い。支払い方法も、一括現金と売上分から支払う方法があった。

藤田は、現金で払ったほうがいいとは考えた。が、システムを立ち上げたあと、意外にも売れないことも考えられる。最初は百万円を支払い、あとは売上から支払う方法をとった。

サイバークリックのシステムは、豪腕の堀江らしく、きっちり二週間で完成度の高いものが仕上がってきた。

社長は、最悪でも自社株の半分を持っておく

平成八年（一九九六年）九月、藤田は役員の日高裕介に言った。

「おれは、クリック保証型のバナー広告をネット上だけでなく、メールマガジンでも展開してみせる」

ネット上で発行される雑誌であるメルマガは、情報発信が気軽にできることから、成長していた。平成九年（一九九七年）にサービスを開始したまぐまぐを筆頭に、すでにさまざまなメルマガ配信システムが運営されていた。

藤田はこの新しい仕事の運営システムも堀江に頼むことにして、相談に行った。

「おれは、メルマガを日本でもっとも手がけているまぐまぐには、足りないものがあると思っている。まぐまぐは、ネット独自のカルチャーを大事にするあまり、マニア集団的な色合いが濃すぎる。クリック保証型のバナー広告をふんだんに入れて、もっとビジネス的要素を強く入れ込んだほうが会員数も増えるはずだ。広告枠をほしがる企業も増える」

堀江は、藤田が思ってもいないことを口にする。

「まぐまぐと提携してはどうなの？」

「堀江さんは、まぐまぐの大川弘一さんと知り合いなんですか」

「ええ」

数日後、藤田は堀江から電話を受けた。

「まぐまぐの大川社長に話してみたけど、提携の話はけんもほろろに断られたよ」

藤田は憤った。

〈大川さんは、サイバーエージェントをただのゲリラ企業の一つと思っているな〉

堀江は藤田にすぐに言った。

「じゃあ、まぐまぐみたいな発行システムをつくりますか」

「えっ?」

堀江は平然と続けた。

「やりましょう。だって、まぐまぐを超えなければ、意味ないでしょ」

「でも……できるんですか」

「できますよ。どうってことありません」

堀江の大胆不敵な言葉は、藤田のベンチャースピリットをゾクゾクするほど刺激した。

堀江は、経営者には自分の力で無理やりにでも事業を進めていくタイプと、まわりを説得して巻きこんでいくタイプの二つがあると思っている。堀江にしても、藤田にしても、およそ説得型の経営者ではない。むしろ、自分の力を頼みとするタイプの経営者である。

堀江は、それゆえ自分たちでシステムをつくろう、と言ったのである。

堀江と藤田は、システム開発について、何度も会って話し合った。

「メルマガに広告をどのように差し込むか」

「まぐまぐよりも多い会員数を得るには、どうすればいいか」

そのうち、藤田が思いついた。

「メルマガ編集者たちに、広告料の一部を還元してはどうか」

堀江は声を弾ませた。

「それはいい」

二人は、新しいシステムの名前についても考えた。

藤田は言った。

「クリックすれば、収入を得られるということをストレートに表現し、クリック・インカムとしよう！」

いっぽう、堀江はオン・ザ・エッヂの株式上場に向けて走り出そうとしていた。だが、オン・ザ・エッヂに、堀江が予想だにしていなかった事態が訪れた。上場をめぐっての内紛が起こったのである。

創業期からいたメンバーの一部が上場に反対した。

「小さいままで、いいじゃないか」

「どうして、そんなに無理をしてまで会社を大きくして、上場しなければならないの?」

創業期のメンバーは、上場社長として成長していた堀江を、「三年間で人が変わってしまった」と思いこんでいた。

しかし、社長である堀江と創業メンバーとの間に溝ができるのも当然であった。堀江は営業を担当して取引先や提携先などの社外の人と会うケースが相対的に多くなる。そうするうちに、経営規模の小ささは不安材料としか思えなくなった。経営規模が小さければ自己資本は小さく、ちょっとした景気の風向き次第で、いきなり経営危機に陥るかもしれない。会社も大きくするのは確かに大変だが、実は、それよりも、小さいままのプレッシャーに耐えていくほうが難しくつらい。一方、創業メンバーは、堀江を補佐して社内で管理職的な立場となっている。会社の規模を大きくしたり、内部人事の刷新などは望まなくなった。

それどころか、少しでも会社の規模を大きくしようと、どんな仕事でもとってくる堀江を見て言った。

「何で、そんなにまで会社を大きくしないといけないんだ」

このようにして、社長と創業メンバーの間の溝は徐々に深まっていき、対立は、後戻りできない段階にまでなっていった。もはや、修復は不可能だった。

創業メンバーたちは、オン・ザ・エッヂを去っていった。その数は三十人いる社員のうちの十人前後、決して小さな痛手とはいえなかった。新たな会社を設立するために辞める者だけでなく、御家騒動に嫌気がさして辞める者もいた。

その痛手を乗りきり、堀江は藤田のサイバーエージェントより約二週間後の四月六日に、やはり藤田と同じ東証マザーズに株式公開した。公募価格は、六百万円であった。四月六日は、四百五十万円まで売り気配を切り下げたが、売買は成立しなかった。翌四月七日、初値で四百四十万円、高値で四百六十二万円もついた。終値は、四百四十万円であった。

堀江は、この一連の騒動で、大きな教訓を得た。一つは、社長と創業メンバーは一心同体ではない。それどころか、いずれは必ず対立してしまう関係にある。

そして、社長は最悪でも自社株の半分を持っておく。社長はいざとなればすべての責任を負うのだから、気合を入れて会社経営にあたらなければならない。仮に御家騒動が起きたとしても、株式の半分を押さえていれば何とでもなる。

堀江は、御家騒動が勃発した時点でも筆頭株主となっており、自社株の五〇%を持っていた。会社の支配権を握っていた。もしも五〇%の株式を持っていなければ、会社を奪い取られ、逆に追い出されていたに違いなかった。

堀江は株式公開直後の夜、六本木のフランス料理店で、藤田と赤ワインで祝杯をあげた。

藤田は、自分がビジネスで稼いで贅沢をしようと思うことはない。ビジネスで酒を飲むときには、それなりにいい酒を飲み、お金を使うときには惜しみなく使う。

堀江は興奮さめやらぬ口調でいった。

「いま、君やおれをはじめとして、若い企業家も次々に株式公開している。これがあるべき姿、自然な姿なのだと、おれは思っている。むしろ、これまでゆがめられていたと思っている」

藤田も、大きくうなずいた。

堀江は続けた。

「人間は二十歳前後をピークとして、能力は確実に落ちていく。それをおぎなうのは、経験、人脈といったものでしかない。日本人は、制度、社会の仕組みでごまかして、政界でも財界でもどこでも、年を多く重ねなければ頂点に立てなかったのは、そのシステムがあったからだ。近代という意味でいうと、明治維新がターニングポイントだったのではないか。維新を成し遂げた幕末の志士たちは、若かった。その志士たちが、老いてからの自分たちの権益を守るための仕組みに変えたのが、現在につながっている。いまは大きなターニングポイントだ。年をとって経営者となった人たちが、年寄りばかりが力を持つとリフレッシュしなくなる、との危機感を抱きはじめている。そのシステムのゆがみを改革しようとしはじめた。おれたち若い世代にとって、もっとも幸運な時期が訪れたのだ。おたがいに、がんばろう」

常に次のステージを想像してみる

平成十二年（二〇〇〇年）四月十八日の東京株式市場は、ＩＴ関連株の明暗が鮮明に分かれた。前日の米国株価反発の流れに乗って株価を上げる銘柄もあれば、ストップ安まで売り込まれる銘柄も続出した。新しい流れが動きつつあった。

平成十三年十月末、サイバーエージェントの藤田はオン・ザ・エッヂをたずねた。藤田は、堀江とコーヒーを飲みながら、語り合った。

「堀江さんの個人的な夢は、何ですか」

「個人的には、民間の宇宙旅行会社をつくってみたいかな。これからは、海外旅行に行くように宇宙旅行に行ける時代がくる。地球のまわりだけではなく、月や火星にも行く。ニーズは、かならずある。あとは、価格との相談でしょう。車の値段まで下がれば、立ち上げることができるだろうし」

堀江はさらに言った。

「あとは、人間の中身を知りたい。思考の仕組み、命の仕組み、これまで解き明かすことのできなかった世界だよ。見て、納得したい。ビジネスにもなるだろう。むしろ、ビジネスのほうが実現性が高い気もしている」

堀江は夢を語り続けた。

「最終的には、人間が、次のステージに入っていく、その姿を見てみたい。そのスタート地点に立つことのできるのは、いま二十一世紀に生きている人間だけだ。おれはいま、そのダイナミズムを感じている。生物が地球に生まれたことが一つのパラダイムだとすれば、その次のパラダイムは、人間が誕生したことだろう。人間は生きている間に成長しながら変わり、自分で自分のことを、ある程度理解できるようになる。人間は、遺伝、進化、世代交代することなく成長できる唯一の生物だとおれは思っている。人間は、人間となって、何十万年たってはじめて、大きな進化の糸口をつかんだ。生きている間に進化を遂げる人間でも、いまだに生物のしがらみの中に生きている。つまり、死とか命というものに縛られている。死というのは、物理的な消滅を意味する。しかし、肉体と精神が分離できれば、意識世界だけで生きていくことができる。そのことが、人間にとって幸せかどうかはわからない。ただ、そうなったときにはどうなるのか。違ったステージに入ったときの人間の姿を、しっかりと見てみたいな」

「そのこともまた、ビジネスに結びついていくと思っているのか」

「ああ」

　堀江は大きくうなずいた。

ライブドアに辿り着くまで

　堀江は、平成十四年（二〇〇二年）以降、インターネットを軸にDVDレンタル、ネット金融、IP電話事業など多岐にわたって進出した。ネット関連ベンチャーを買収し成長を加速させた。

　堀江は思っていた。

〈収益を生むように変革できる会社がたくさんある。しかも、いまは安く買える〉

　平成十四年二月、電子メールソフト「Ｅｕｄｏｒａ」の日本語版開発・販売を開始した。

　三月、株式交換により「株式会社アットサーバー」を完全子会社化。アットサーバーは、中小企業向けにインターネット・ビジネス・コンサルティング・サービス、レンタルサーバー事業などをおこなっている。

　平成十四年六月、株式会社「アスキーイーシー」の営業権を譲り受けた。アスキーイーシーが運営していたアスキーストアの運営を引き継ぎ、書籍やソフトウェアなどの販売をはじめた。

八月、株式取得により、首都圏を中心とした光ファイバー網によるスイッチングネットワークを構築している「ビットキャット株式会社」「ビットキャットコミュニケーションズ」を完全子会社化した。この買収によって、グループとして第一種電気通信事業者を保有することとなり、ネットワークの広域インフラ構築、整備への対応が可能となった。

九月、株式取得により「プロジーグループ株式会社」を子会社化した。ソフトウェアの企画、開発、販売のノウハウを持つグループである。

十月三十一日、無料インターネット接続サービスで会員百六十万人を誇る「ライブドア」が、東京地裁に民事再生手続き開始を申請した。負債額は十六億円。オン・ザ・エッヂは、ライブドアを買収した。

平成五年四月、オン・ザ・エッヂは、創業以来七年間使った社名を「エッジ」に変更した。

五月、エッジは、わが国最大規模のセキュリティ情報サービス「ＮｅｔＳｅｃｕｒｉｔｙ」、「ＳｃａｎＳｅｃｕｒｉｔｙＷｉｒｅ」を運営している「バガボンド」を子会社化した。

五月、その二カ月前の三月に設立した子会社「エッジテレコム」が、業界最安値の固定電話サービスを全国ではじめた。

八月二十九日、エッジは、リナックスベースの基本ソフトウェア「リンドウズ」日本語版を発売した。

堀江が、このように平成十四年以降買収した企業は、十数社にのぼる。それらを短期間で再生し、企業規模を急拡大させている。ブロードバンド（高速大容量通信）の低料金化が進み利用者も急増し、インターネットビジネスに最適な時代が到来した。

堀江は思っていた。

〈生き残った一握りの企業が、成功の果実を独り占めできる。放っておけば楽なほうに流れるから、企業の動きは遅くなる。もっともっと、成長のスピードを速めなければ。目標は、営業利益を世界一に引き上げることだ〉

エッジは、平成十六年一月下旬からは、ＩＰ電話にも殴りこみをかけた。端末自体が番号を持つ新型ＩＰ（インターネット・プロトコル）電話「ライブドアＳＩＰフォン」のサービスを本格的に展開しはじめた。

平成十六年二月、「エッジ」は、社名を「ライブドア」に変更した。理由は、知名度の問題であった。会社設立から七年半、業界内でこそ、「エッジ」の名は知れ渡った。しかし、他の業界や一般の知名度は、まだまだ低かった。それよりも、買収していた無料インターネットプロバイダ「ライブドア」の知名度のほうがきわめて高かった。インターネットに接続したことのあるひとの約半数が、ライブドアの名前を知っていた。買収前のライブドアは、東京・青山のビルの壁面、お台場の大観覧車に巨大広告を打つなどで六十億円も広告費をかけていた。それによって、ブランドイメージを構築していたのである。それを使わない手はない。堀江は、そう判断したのであった。

ライブドアは、平成十六年二月二十六日、中堅証券会社で日興コーディアルグループの子会社である「日本グローバル証券」を買収し、子会社化すると発表した。

堀江は、六月三十日、東京証券取引所で記者会見にのぞんだ。

「オリックス球団との統合構想が進む近鉄球団について、間接的に買収の申し入れをおこなった。球団の価値は、十億円から三十億円。企業の立て直しに、ベンチャー企業のノウハウを生かすことができる」

八月十九日、方針を明らかにした。

「オリックスと近鉄が統合した場合、九月中にNPB（日本プロフェッショナル野球組織）に新球団設立を申請する。新球団は、大阪府を本拠地とし、大阪ドームを専用球場にすることを希望。球団名は近鉄と交渉し、『バファローズ』を継承したい」

それから約一カ月後の九月十五日、三木谷浩史が率いる、インターネット商取引大手の楽天がプロ野球の球団経営に参入する方向で検討をはじめたことがあきらかになった。

堀江は、新球団の本拠地を仙台とする構想を表明した。宮城県と仙台市は全面支援の方針を表明し、野球関係者や市民の間には歓迎ムードが広がった。

球団名は「仙台ライブドアフェニックス」とし、監督には、元阪神内野手で現在、阪神の駐米スカウトを務めるトーマス・オマリーに正式に監督就任を要請した。

楽天の三木谷社長も、堀江と同じ本拠地を仙台とし、プロ野球進出を表明した。

審査小委員会によって、十月六日、十月十四日の二回にわたって、楽天の三木谷、ライブドアの堀江に対して、ヒアリングがおこなわれた。

十一月二日、NPBとオーナー会議は、新規参入する企業を、楽天と決めた。

スピード事業展開で次々に手中に

堀江は、ただちに次の目標に向けて動いた。十一月十日に、群馬県知事の小寺弘之を訪ね、累積赤字五十一億円を抱え年度内に廃止を予定している群馬県高崎市にある高崎競馬廃止の撤回と、競馬の運営を受託する新組織を共同設立するよう申し入れた。

平成十六年六月の競馬法改正で、従来は地方公共団体しかおこなえなかった競馬事業の一部事務を、来年一月から民間委託できるようになった措置を受けたものだ。

計画では、ライブドアが群馬県や高崎市と共同出資で第三セクターを設立し、競馬を主催する群馬県競馬組合から、レースの企画など競馬の運営を受託する。ライブドアは、インターネットを通じた馬券販売や、レースのネット中継を実施すれば手数料収入などを得るという。

堀江は、「ＪＲＡ（日本中央競馬会）に対抗できる形でやっていければ」と意欲を燃やしている。

このような堀江の動きに対して、岩手県競馬組合も、十月三十日、馬券の委託販売などを打診したことがわかった。ライブドアの持つＩＴ関連のノウハウを生かし、馬券のネット販売などを展開して売り上げ増を目指すのが狙いである。

ライブドアは、さらに廃止が取りざたされる岐阜県笠松にある笠松競馬の運営参加の検討にも入った。

堀江は、十一月十日、小寺群馬県知事をたずねた。小寺知事に渡したライブドアの提案書によると、県による競馬事業の存続を前提に一部事務を受託し、インターネットを活用したレース中継や馬券販売などをおこなうとしている。

堀江は、十二月には、平成十七年四月から高知競馬と業務提携をおこなうことも発表した。

インターネット上で競走馬の詳細なデータの配信、インターネット上でパドックをふくめた全レースの映像の配信を四月から開始する。さらには、八月からは馬券のネット販売もおこなう。赤字に苦しむ高知競馬の経営再建に意欲を見せた。

いっぽう、ライブドアは、銀行参入への意欲を持ち続けた。独自での銀行設立や「日本振興銀行」との提携なども検討したが、銀行業の免許を得る手間などを考慮し、既存の銀行に働きかけた。

堀江は、平成十七年（二〇〇五年）一月二十四日、山口県に拠点を置く第二地方銀行の西京銀行と共同出資し、インターネット専業銀行を共同設立すると発表した。二月中に西京銀行が五一％、ライブドアの完全子会社が四九％を出資する銀行設立準備会社を東京に設立し、年内にも銀行免許を取得して「西京ライブドア銀行」（仮称）の設立を目指す。新銀行では、預金の預け入れや個人向けにインターネットを活用した決済サービス、ローンサービスを展開する。

中小企業や、個人事業者向けのローン業務などもおこなう。

堀江は、意欲を示した。

「スピードを重視して、既存の銀行と提携することにした」

ライブドアは、さらに新規事業に乗り出した。二月十一日、出版社幻冬舎の子会社である「幻冬舎ルネッサンス」と共同出資で新会社「ライブドアパブリッシング」を設立すると発表した。ホームページ上の公開日記「ブログ」に掲載された情報などを編集・出版する。ホームページなどを通じて、書籍を自費出版できるサービスも提供する。新会社の資本金は一千万円で、ライブドアが五一％、幻冬舎ルネッサンスが四九％を出資する。

ライブドアは、二月十六日、名古屋市にある中古車情報誌発行の「プロトコーポレーション」と、中古車情報の提供でも提携した。

フジテレビ〝買収合戦〟でなぜ負けたのか

堀江は、平成十七年二月八日、「人生を賭けた大勝負」に出た。ラジオ局のニッポン放送の発行済み株式のうち三五％を取得したのである。

ニッポン放送株取得は、東京証券取引所の午前九時の取引開始前に「ＴｏＳＴＮｅＴ－１」（トストネット・ワン）と呼ばれる時間外取引システムを通じておこなわれた。ライブドアは、株主総会での重要事項の決定に拒否権を発動できる権利を獲得した。

東京株式市場では、ニッポン放送株が急騰し、一時、値幅制限いっぱいとなる前日比一千円高の六千九百九十円まで値を上げる「ストップ高」となった。終値は、八百十円高の六千八百円だった。

堀江は、八日夜の記者会見で語った。

「今後、フジテレビジョンとニッポン放送を中核とするフジサンケイグループに業務提携を申し入れます」

堀江の最大の目的は、ラジオ局のニッポン放送、さらには、ニッポン放送が二二・五%の株を保有するフジテレビジョンとの事業上の提携であった。ニッポン放送株を三三・四%以上を取得すれば、間接的な大株主として、フジテレビジョンへの影響力を行使できる。堀江は、ニッポン放送にはライブドアから役員の派遣も視野に入れている。

堀江は、インターネットとテレビ・ラジオなど既存メディアの融合を目指す。急成長しているとはいえ、まだまだインターネットは限られた世界である。ビジネス拡大のためには、巨大メディアの「看板」と、それに慣れ親しんだ消費者の取り込みが必要だとの考えがある。

堀江から見ると、人気が高い放送局のホームページがもっぱら番組情報しか載せていない。ポータル（玄関）サイトを強化し、コンテンツ（情報内容）を充実しさえすれば、テレビ視聴者をネットビジネスに取り込むことができる。ライブドアがすでに手がけているインターネットショッピング、証券取引やオークションサイトなどを放送局のホームページでも展開しさえすれば、ネット販売の売上拡大につながる。広告収入にばかり頼る収益構造を変えられる。

また、ニッポン放送は、レコード会社のポニーキャニオンの筆頭株主でもある。ライブドアにとって、音楽配信事業など、インターネットをベースにした事業展開がさらにしやすくなるとの思惑もあるとみられる。

ヤフーに大きく水をあけられているライブドアも、放送局のホームページと合体すれば、グループの価値を上げることができる。

いっぽう、ニッポン放送の株式については、TOB（公開買い付け）によってフジテレビが取得に動いていた。長年続いてきたニッポン放送が逆にフジテレビに力を得るというグループ内の資本関係のねじれを解消し、フジテレビを中核とする新たなグループ経営体制への転換のはじまりとする構想の出鼻をくじかれた形だ。

取得金額は、リーマン・ブラザーズ証券が引き受ける転換社債で調達する。ただ、リーマン・ブラザーズ証券を通じて調達した約八百億円は、ライブドアの平成十七年九月期連結決算の税引き後利益見通し五十三億円の約十五倍にもあたる。

フジテレビは、ライブドアの動きに対し、ニッポン放送株を対象とした株式公開買い付けの価格引き上げをふくめた対応策の検討に入った。ライブドアがニッポン放送株の三五%を取得したことなどを受け、ニッポン放送株が急騰した。九日の終値は七千八百円で、一株五千九百円としたＴＯＢ価格を三一％も上回ったからである。ＴＯＢ価格を据え置いたままでは、ＴＯＢに応じる株主が出てこない恐れがあった。〝買収合戦〟となれば、従来、最大で一千七百億円ほど見込んでいた買収費用が大きく増すことになりかねない。

日枝会長は語った。

「業務提携する気持ちは、毛頭ない。提携を望むなら、話し合いをしながら条件を出し合うのが普通。いきなり株から、というのには乗れない」

フジテレビジョンは、二月十日、ニッポン放送株式のＴＯＢについて、ＴＯＢ後の株式保有比率の目標を「五〇％超」から、「二五％超」に引き下げると発表した。買い付け期間の期限も当初の二月二十一日から三月二日まで延長する。ＴＯＢで保有比率が目標に届かなければ、ＴＯＢは成立せず、フジテレビの保有比率は現在の一二・三九％のままとなる。目標を引き下げると同時に期限を延長してＴＯＢを確実に成立させ、ニッポン放送株を三五％取得したインターネット関連会社のライブドアに対抗する。

新たに目標とした二五％超を取得すれば、商法の規定でフジテレビに対するニッポン放送の議決権がなくなる。さらに、株主上位十社の保有比率が七五％を超え、ニッポン放送株は上場廃止になる可能性がある。

堀江は、フジテレビが二五％を超えるニッポン放送株を持った場合には、ニッポン放送が増資をすることで株式総量を増やし、フジテレビの出資比率を二五％に引き下げることも念頭に置いていることをあきらかにした。このことによって、ニッポン放送のフジテレビに対する議決権を復活させて、フジテレビへの経営に関与するというのである。

堀江は、ＮＨＫのインタビューでフジテレビを批判した。

「なぜ拒絶されるのかわからない」

フジテレビのＴＯＢに賛同する決議をおこなったニッポン放送にも、疑問を投げかけた。

「何のために、取締役会が賛意を表明するのか」

二月二十三日、ニッポン放送は、ライブドアの敵対買収への対抗策として、新株予約権の発行を決定した。フジテレビは、ニッポン放送の新株予約権発行を受けてＴＯＢ期限を三月七日にまで延長した。

ライブドアは東京地裁に新株発行予約権の発行を差し止める仮処分を申請し、三月十一日に、新株予約権の発行差し止めの判断が下された。

ニッポン放送はただちに東京地裁に異議を申し立てたものの、三月十六日、東京地裁は、同放送の保全異議申し立てを退ける決定が下された。ライブドア側の主張を認めた仮処分決定は、そのまま維持される形となる。ニッポン放送側は、決定の直後に東京高裁に保全抗告をおこなったが、三月二十三日、東京高裁は、ライブドアの申請を認めた地裁決定を支持。

ニッポン放送の抗告を退けた。

なお、ニッポン放送の株式保有率は、フジテレビのTOBが成立した三月七日段階で、ライブドアが議決権ベースで約四五・五％、フジテレビが三九・二六％であった。それ以後も、たがいにニッポン放送株式の買い取りを進めた。

結局は、SBI社長の北尾吉孝が「ホワイトナイト」として登場し、堀江の買収は失敗に終わる。


平成十七年（二〇〇五年）八月十六日、衆議院の解散にともない、無所属として亀井静香の選挙区である広島六区から立候補した。小泉政権の幹事長であった武部勤は、堀江の応援に駆けつけた。

「我が弟です。息子です」

が、落選した。

孫正義の商法について語った

ライブドアは、平成十七年十二月に、経団連に入会した。

堀江や、「物言う株主」として絶えずマスコミを騒がせた村上ファンドの村上世彰は、このころまでは、世に受け入れられ、あるときには時代のヒーローとしてもてはやされた。

堀江は、時価総額世界一を目指し、ソフトバンク、Ｙａｈｏｏと肩を並べる企業にすると本気で考えていた。

堀江は、平成十六年九月に出版した『プロ野球買います！　ボクが５００億円稼いだわけ』で孫正義について書いている。

『インターネットに軸足を置いて、さまざまな事業領域でビジネスを展開していると、どうしても孫正義氏率いるソフトバンク・グループと比較されることが多い。Ｍ＆Ａでグループ会社を拡大する手法、またライブドアを買収してプロバイダ事業に乗り出したことやポータルサイト運営に本腰を入れたこともあり、「孫正義のネット財閥のパクリだ」などと言う向きもある。物真似だろうが、パクリだろうが、好きなように言ってくれ。僕はまったく気にしていない。これからソフトバンク・グループを追撃して、ナンバーワン・ネット企業になるのだから、まずパクッて、コピーしないとスタートラインに立つことができない。同じ土俵に立って、はじめて独自性を持って勝負をかけるのである。最初から、他者とはまったく違うオリジナリティを求めても、成功確率は非常に低い。いくら天才であっても、最初から独自性だけで成功するのはレアケースだと思う。僕はそんな確実性の低いことは絶対にやらない。先人が試して、ある程度成功した道があるのだから、スタートラインにつくまではそれをたどっていくほうが効率的だ。

孫さんの考えるネット財閥と、僕が目指すものとが同じであるかどうかはわからない。その点について、孫さんと話したわけではないのだから。しかし、ITベンチャーの道を切り開いてくれた先達として、僕は孫正義氏に敬意を表している。孫さんは、坂本龍馬になってくれればいい。坂本龍馬になってくれという意味は、開国へ向けた大きな流れをつくるための礎になってくれということだ。

孫さんはネット財閥になるためには、ブロードバンド事業をやらなければならないと気づいた。だから、ヤフーBBに経営資源を集中した。そのおかげで、日本のブロードバンド化は一気に進展したと言っていい。そして、ブロードバンドの一般化によって、インターネットが日常の当たり前のものとなったのである。

ただし、残念なことだが、孫さんのブロードバンド事業は、道半ばで挫折することになるだろう。坂本龍馬のように、道筋はつけたが、志半ばで倒れる運命なのである。

でも、安心してもらっていい。孫さんの蒔いた種はムダにはならない。僕が伊藤博文になって、開国後の新しい世界を主導するのだから。不遜？　大口？　何とでも言ってくれ。これは、僕流の孫さんへの最大級の賛辞だ』

ジェットコースター

ライブドアの関連会社が、企業買収をめぐって虚偽の発表をしたり、利益を水増しした決算発表をしていた疑いが強まり、東京地検特捜部は、平成十八年一月十六日、証券取引等監視委員会と合同で、証券取引法違反「偽計、風説の流布」の容疑でライブドア本社などを捜索、強制捜査に乗り出した。

この関連会社は、東証マザーズ上場のネット広告配信会社「バリュークリックジャパン」（現ライブドアマーケティング）。

東京地検特捜部は、一月二十三日夜、堀江を同法違反（偽計、風説の流布）容疑で逮捕した。

今回の地検の捜査、逮捕は、オン・ザ・エッヂのCTOをしていた小飼弾には、堀江がターゲットとして手頃だったとしか思えない。逆から見ると、「ホリエモン」と呼ばれて全国の顔となった堀江は、あまりにも無防備であった。

日本は、企業の収益や起業家の資産を、企業や起業家たちが使いにくい。税制そのものが、カネの使い方を不自由にしている。

堀江は、自家用ジェット機を購入するなど、派手に見せた。日本での不自由さを、まさに突き破らんがごとくである。しかし、堀江は、自分の派手な振る舞いが、周辺からどう見られるかまでは頓着しなかったのだろう。堀江らしいといえば、堀江らしい。

検察側としては、そのような無防備な堀江は、標的とするのにじつに手頃だったのかもしれない。

それは堀江流で、個性にちがいない。しかし、経営者としては欠点だろう。一度目立ったのであれば、それだけで、他人からは、恨み、妬みを買う。そのことに関して、注意を払わなければいけない。そのへんの配慮のようなものが、堀江には足りなかったと思う。

堀江が買収した企業を、グループ内でいかに活かしていくかといった戦略的な展開はまさにこれからであった。

小飼は思っている。

〈検察の無粋とも言える行動は、まさにこれから地盤を固めていこうとするライブドアにあきらかに水を差した〉

このライブドア事件により、堀江は、平成十九年三月二十六日、一審の東京地裁で、懲役二年六カ月の実刑判決（求刑懲役四年）を言い渡される。平成二十三年四月二十六日には、最高裁でも上告を棄却され、懲役二年六カ月の実刑判決が確定した。

その後、六月二十日に、堀江は、東京高等検察庁に出頭し、東京拘置所に収監され、長野刑務所へと移送された。

平成二十五年三月二十七日、堀江が釈放された。

堀江は、この日の夜、東京都内で記者会見し語った。

「皆様にご迷惑をおかけし深く反省している。それを償うべく受刑生活を送り、この日を迎えて万感の思いだ」

記者会見には、約百五十人の報道陣が集まっただけでなく、インターネット動画サイト「ニコニコ動画」でもその様子が生放送され、いまだに世間から注目される存在であることが明らかになった。

ライブドア時代から続けていた宇宙開発事業を継続する意向も語った。

「明日、二十八日に北海道に入ります。二十九日に大樹町でおこなうロケットの打ち上げ実験を見に行きます」

インターステラは、前身の宇宙愛好家団体によるロケット開発を引き継ぎ、堀江らが平成二十五年に創業した。社員は平均年齢三十歳の十四人。若いチームには、ソニーで家庭用ゲーム機器の技術開発に携わった技術者もいる。コスト削減によるロケットの商用化を目指し、既製品や自社製品を多用するのも特徴だ。

堀江は、出所翌日からさっそく始動することにした。小型ロケットの開発を委託するNPO法人の活動を視察する。

さらに、獄中で続けてきたメールマガジンの延長で、ニュース専門サイトを事業化するプランも明かした。

「収監前に比べると、モバイル環境も良くなった。ライブドアでの反省を生かし、力を集中しすぎないようにしたい」

ライブドアの社長時代に「幸せも女も金で買える」と発言し、拝金主義と批判されたことについても言及した。

「怖いもの知らずで、イケイケで、方法論が分かってなかった。反発を受けてもいいと思っていた。どぎつい表現が多かった。女性はお金では買えない」

モヒカン姿で収監した平成二十三年六月と同様に、この日の会見も派手だった。

堀江が自ら創業した事業会社「SNS」（東京・港区）は、三月二十九日早朝、北海道・大樹町で小型液体燃料ロケット「ひなまつり」の打ち上げ実験をおこなった。

堀江は、この日、午前三時半に起床して、打ち上げ作業に自ら参加した。

ツイッターでも「カウントダウンのリハちう（中）。プロの声優さんの声、妙にロリっぽい」「（打ち上げまで）あと1分」などと随時報告。ロケット発射に胸をふくらませていた。

ロケットは午前七時三五分に着火した。ところが、「3・2・1……。1・2・3……」とカウントダウンは進んだものの発射せず、一五分後に白煙を上げて爆発、炎上した。

直後、堀江は、ツイッターで「失敗です」とつぶやいた。

不死身、ホリエモン健在なり

令和元年五月四日、北海道大樹町の宇宙ベンチャー「インターステラテクノロジズ」は、この日午前五時四五分、小型観測ロケット「MOMO三号機」を打ち上げた。

高度一一三・四キロまで達し、民間単独で開発したロケットとしては国内初の高度一〇〇キロ以上の宇宙空間への到達に成功した。三回目の挑戦となった今回は四月三十日に打ち上げを予定したが、直前に燃料の液体酸素用のバルブに異常が発生し、その後も強風のため中止していた。この日は点火から一分五六秒後、エンジンの燃焼を終了。四分で最高点に達し、目標の宇宙空間に到達した。

打ち上げ後の記者会見で同社の稲川貴大社長は「大成功」と喜び、二号機の失敗を受けて改良した姿勢制御についても「一〇〇%うまくいった」。堀江も「ほっとしている」と胸をなで下ろした。

これで「実験機」としていたMOMOの打ち上げは終わり、次からは「商業機」となる。今後、軽量化やコストダウンなど改良を加え、打ち上げ費用は五千万円前後を目指すという。

堀江は語った。

「ロケットを飛ばすことで関連メーカーが集まり、この町を宇宙港として発展させていければ。例えば宇宙から紙飛行機を飛ばすとか面白いことに使ってこそ宇宙産業が盛り上がる」

大樹町は種子島（鹿児島）、内之浦（同）に次いで国内三番目の宇宙ロケット発射場となった。町は「宇宙のまちづくり」を掲げている。

打ち上げに成功した小型ロケット「MOMO三号機」は、インターステラテクノロジズが、超小型衛星の打ち上げビジネスへの参入を目指して開発したものだ。同社は令和四年の打ち上げを目指し、新たに二段式の人工衛星打ち上げ用ロケットの開発に着手したことも発表している。

背景には、小型衛星の開発増加に伴い、それを打ち上げる小型ロケットの需要が高まっていることがある。

米調査会社のスペースワークスは、今後、数年で約二〇〇〇機の小型衛星が打ち上げられると予想している。これまで小型衛星を打ち上げる際、大型のロケットに複数が相乗りする形が主流だった。

近年は衛星の使用目的が多様化し、低価格で打ち上げに柔軟に対応できる小型ロケットへの期待が高まっている。

世界各国のベンチャー企業による小型ロケット開発の競争が激化する中、海外からの受注を獲得できるかどうかは、技術力や価格面での競争力を今後どれだけ高められるかにかかっている。

堀江は、将来的には小型人工衛星の打ち上げも目指す……。

かつて若者のカリスマとして注目された堀江の活動は、宇宙開発事業だけではない。釈放後、堀江は、以前のようにテレビやネットなどの各種メディアにも頻繁に登場し、元気な姿を見せている。

さらに、ここ数年は著述家としても目覚しい活躍をしている。

なかでも、三八万部を突破した『ゼロ―なにもない自分に小さなイチを足していく』(ダイヤモンド社)は、逮捕後、すべてを失った堀江が「なぜ希望を捨てなかったのか」について自らの赤裸々な思いや、「働くこと」の意味について堀江なりの労働観を語り、ビジネスマンを中心に大ヒットをしている。

読者の中心は、堀江がM&Aや、衆院選出馬で世間を騒がせていた時に大学生だった若者たちなどだ。

また、三〇万部に迫る売り上げを記録した『本音で生きる　一秒も後悔しない強い生き方』（SBクリエイティブ）は、自分の人生をどのように生きるべきかを訴え、こちらも若い世代を中心に共感を呼び、ベストセラーとなった。

さらに平成二十九年に約二三万部を記録した『多動力』（幻冬舎）は、堀江のビジネス書の決定版的な著作であり、一度に大量の仕事をこなす術から、一秒残らず人生を楽しみきるためのヒントなどについて明け透けに語っている。

堀江は、釈放以降だけでも、単著だけで二十四冊を出版し、さらに共著や監修した書籍も二十五冊を超え、いまやベストセラー作家と言えるだろう。

著述業だけでない。堀江は、その経験を買われ、さまざまな分野で活躍している。

大阪府が、誘致を目指す令和六年（二〇二五年）の国際博覧会（万博）を担当する特別顧問にも就任することになった。

大阪府側には、情報発信力を生かし、誘致に向け一役買ってもらいたいとの期待もあるという。

それだけでなく、漫画の原作や、スマホアプリのプロデュース、オンラインサロンの運営や、Jリーグのアドバイザーにも就任している。

いまや「ホリエモン教」の教祖として若者たちにも強い影響を与え続けている……。

あとがき

本書は、拙著の『リクルートの深層』（イーストプレス）、『孫正義　起業の若き獅子』（講談社）、『巨頭　孫正義　ソフトバンク最強経営戦略』（イーストプレス）、『ドリームメーカー　新世代経営者たちの素顔』（ソフトバンクパブリッシング）、『リスクテイカー　ネット金融維新伝』（日本証券新聞社）、『逆襲　ドキュメント堀江貴文』（竹書房）を元に、新規加筆の上、再編集した作品である。

令和元年六月二十五日　　大下英治

大下英治

おおした・えいじ

１９４４年６月７日、広島県に生まれる。１９６８年３月、広島大学文学部仏文科卒業。１９７０年、週刊文春の記者となる。記者時代「小説電通」（徳間文庫）を発表し、作家としてデビュー。さらに月刊文藝春秋に発表した「三越の女帝・竹久みちの野望と金脈」が反響を呼び、岡田社長退陣のきっかけとなった。１９８３年、週刊文春を離れ、作家として政財官界から芸能、犯罪、社会問題まで幅広いジャンルで創作活動をつづけている。

近著に『渋沢栄一　才能を活かし、お金を活かし、人を活かす』（三笠書房）、『最後の怪物　渡邉恒雄』（祥伝社）ほか、『稲川会　極高の絆　二人の首領《ドン》』、『昭和、平成秘録　〝憂国〟事件の男たち』（小社刊）など、著作は４５０冊以上にのぼる。

ＩＴ三国志「超知性」突破する力

二〇一九年七月二十二日　第一刷発行

著者――――大下英治

編集人・発行人――阿蘇品 蔵

発行所――――株式会社青志社

〒一〇七-〇〇五二　東京都港区赤坂六-二-十四　レオ赤坂ビル四階

（編集・営業）

TEL：〇三-五五七四-八五一一　FAX：〇三-五五七四-八五一二

http://www.seishisha.co.jp/

本文組版――――株式会社キャップス

印刷・製本――――中央精版印刷株式会社

ISBN 978-4-86590-086-6 C0095